EL CARNICERO VEGANO

JOHNNY CROSS

EL CARNICERO VEGANO

100 recetas tradicionales,
con el sabor de siempre,
100% vegetales

Grijalbo

Papel certificado por el Forest Stewardship Council®

MIXTO
Papel | Apoyando la silvicultura responsable
FSC® C117695

Penguin Random House Grupo Editorial

Primera edición: marzo de 2025

Printed in Spain - Impreso en España

ISBN: 978-84-253-6868-4
Depósito legal: B-1.432-2025

Compuesto por Olga Coderch Blasco
Impreso en Gómez Aparicio, S. L.
Casarrubuelos (Madrid)

GR 68684

A Rafa,
cuyo apoyo, guía y generosidad dejaron
una huella imborrable en mi vida

ÍNDICE

INTROD

UCCIÓN

EL CARNICERO VEGANO

«¿Carnicero vegano?», te preguntarás. Menudo oxímoron, ¿verdad? Pues, aunque pueda parecer un concepto absurdo, es lo que soy: una persona que manipula las plantas y los alimentos de origen no animal y los convierte en platos y preparados que reúnen los sabores de los que has disfrutado toda tu vida, pero evitando el sufrimiento animal.

La verdad es que siempre había querido escribir un libro como este con el que enseñar al mundo que los veganos no solo nos alimentamos de lechuga, que el tofu no es insípido y que podemos preparar filetes, chicharrones y carnes de todo tipo con tan solo una bolsa de harina de trigo y un poco de imaginación. Y lo mejor, ¡sin hacer daño a nadie! Espero que con él aprendas un poco más sobre la cocina plant-based y la filosofía que se esconde detrás y que, si algún día tienes invitados en casa que no comen carne, no entres en pánico, porque podrás recurrir a alguna de las más de cien recetas que te propongo y prepararles unos platos exquisitos.

THE VEGAN GUIRI

Antes de seguir adelante, creo que es de buena educación que me presente: yo soy Johnny, también conocido como The Vegan Guiri, el nombre que uso en mis redes sociales y que me define al cien por cien: soy un escocés que vive en España y (sorpresa, sorpresa) ¡soy vegano! Ahora bien, no siempre he vivido en España ni tampoco he sido vegano desde mi primer día de vida. Nací en un pueblecito en el campo escocés, al sur de Edimburgo. Allí pasé mi infancia y adolescencia, una infancia durante la que os confieso que jamás probé la carne porque mis padres me criaron en el vegetarianismo, algo que, por aquel entonces, hace treinta y pocos años, en el campo de Escocia era completamente insólito, pues los granjeros eran (y son) los reyes, y una comida no se consideraba completa si no iba acompañada de un trozo de carne o pescado en el plato. Por suerte, la mayoría de la gente de mi entorno fue bastante respetuosa conmigo y con mis padres, pero ello no eliminó la falta de empatía que mostraron hacia los animales cuando preparaban sus platos ni la insistencia machacona a la hora de preguntarme a diario por qué no quería probar un poco de su deliciosa carne. Sé que no lo decían con maldad, pero ninguno se planteó jamás que lo que estaban comiendo era un ser que había estado vivo antes de acabar en su plato.

Yo seguí con mi vida y el vegetarianismo durante mi adolescencia, mientras estudiaba en Dundee y Newcastle, hasta que un día empecé a investigar un poco más sobre el veganismo. En ese momento, para mí el veganismo suponía un paso más. Un paso extremo. Un paso inalcanzable. Pero cuando hube leído a fondo y hube aprendido los motivos en los que se fundamenta el movimiento y lo fácil que resulta aplicarlo, me di cuenta de que a mí no me iba a costar demasiado abrazarlo, ya que jamás había comido carne. Así que hice el cambio. De un día para otro, eliminé de mi dieta todos los productos de origen animal (la leche, los huevos, etc.) y empecé mi camino hacia el veganismo. Pero nada ni nadie es perfecto.

Todo esto ocurrió antes de convertirme en The Vegan Guiri. En esa época, yo tan solo era «the vegan». Pero, cómo se convierte un escocés en un guiri, te preguntarás. Pues mudándose a España, ¡por supuesto! En 2013, durante mi último año de carrera de periodismo deportivo, estudié en Sevilla durante seis meses. Con mi pelo rubio, mi piel blanca y mi castellano, que se reducía a una única palabra, «cerveza», era indiscutible que no había un guiri más guiri que yo. Pero el hecho de no tener ni idea del idioma me suponía un serio problema a la hora de mantener mi dieta. Era capaz de decir «no carne, no pescado», pero de ahí a explicar que era vegano y proporcionar una lista de todos los ingredientes que no quería tomar había un abismo imposible de superar. Yo, que pensaba que ser vegetariano en los años noventa y los primeros años del 2000 en una aldea escocesa era complicado, os prometo que resultó mucho más difícil compaginarlo con el hecho de ser un estudiante extranjero vegano en Sevilla, que se alimentaba en el comedor de una residencia. Así que di un paso atrás y volví a lo que había conocido de pequeño: el vegetarianismo. De este modo podría disfrutar un poco más de mi experiencia en la capital andaluza.

Once años después, sigo en Sevilla. Durante esos seis meses de estudios conocí a mi pareja, Marta, y prácticamente no miré hacia atrás. En 2015, después de aprender un poco mejor el idioma y dar muchas más vueltas, los dos decidimos ser veganos. En 2017 dejé mi trabajo como profesor de inglés, y nos mudamos a Madrid para dar un empujón a las redes sociales de Marta. Yo me dedicaba a hacer fotos, editar vídeos, etc. Con todo lo que fui aprendiendo a su lado sobre las redes, empecé a impulsar mi propia cuenta de Instagram, @TheVeganGuiri, con la que pretendía enseñarle al mundo que los veganos no vivimos de ensaladas y nada más, más o menos lo que persigo con este libro. Tanto ahí como aquí, pues, aparte de presentar algunas recetas, intento explicar qué es el veganismo, dar respuesta a las preguntas más frecuentes de la gente y explicar cuáles son los motivos que, desde mi punto de vista, nos mueven a practicarlo. Si estás leyendo estas líneas y tienes dudas sobre el veganismo y los veganos, te invito a que hablemos y dejemos las cosas un poco más claras.

PREGUNTAS FRECUENTES

¿Alguna vez te lo has preguntado?

Me considero una persona muy razonable, capaz de hablar de todo y, mientras se haga desde el respeto y con curiosidad sana, creo que todo cabe. Ahora bien, sin duda alguna, la conversación más común en mi día a día es sobre veganismo. Y lo entiendo. Es algo relativamente nuevo aquí, en España, y sigue habiendo muchas dudas e informaciones falsas sobre el tema. Por eso estoy encantado de intentar aclarar algunas de las muchas preguntas que se acumulan en las mentes de tantas personas.

¿Qué es el veganismo?

Empecemos por la pregunta más básica y probablemente la más importante. Según la Vegan Society, esta es la definición oficial del término veganismo:

> *El veganismo es una filosofía y una forma de vida que busca excluir –hasta donde sea posible y practicable– todas las formas de explotación y crueldad hacia los animales para cubrir el alimento, la vestimenta o cualquier otro propósito; por extensión, promueve el desarrollo y el uso de alternativas sin animales para el beneficio de los humanos, los animales y el medio ambiente. En términos dietéticos denota la práctica de prescindir de todos los productos derivados de animales.*

Pero no les estás haciendo ningún daño a las vacas por sacarles la leche...

La leche de vaca (o la de cualquier otro animal) es para sus crías. Los humanos somos la única especie que consume la leche de otro mamífero. Para que una vaca pueda producir leche, tiene que estar embarazada, y este estado es algo que la gran mayoría de las veces lo provocamos nosotros, los humanos, para nuestro bien. Esta práctica va en contra de la filosofía del veganismo.

Además de la cuestión ética, pensemos que vivimos en un mundo en el que existe una gran variedad de alternativas a la leche, como son la bebida de soja, de almendra, de avena ¡y muchas más!

Yo no podría ser vegano porque ¡no puedo vivir sin el queso!

A ver, ¡poder, puedes! Pero entiendo el sentimiento. El queso es un alimento muy rico y versátil, que da mucho juego a los platos que no llevan carne. Junto con los huevos, son el mejor amigo de los vegetarianos. Pero cuando optamos por una dieta vegana, también los debemos eliminar de nuestra lista de la compra. Y aunque a lo mejor no parece nada fácil, hay muchas alternativas tanto para el queso como para los huevos, y te las voy a enseñar en este libro.

En muchos escritos y publicaciones encuentro el término «plant-based». ¿Es, simplemente, una manera más de decir vegano?

Casi, pero no. Cuando hablamos de plant-based, solemos referirnos exclusivamente a nuestra forma de alimentarnos. Los veganos seguimos una dieta plant-based, rica en nutrientes de origen vegetal, pero el hecho de ser vegano va aún más lejos, más allá de la salud, y engloba otros aspectos que ayuden a reducir el impacto negativo en los animales y el planeta, como por ejemplo la ropa que llevamos (evitamos la piel y la lana), la cosmética (*cruelty free*) y otros muchos factores más que no se limitan a lo que tenemos en nuestro plato.

¿De dónde obtienes las proteínas?

No te preocupes. Aunque quizá a algunas personas les resulte sorprendente, ¡el pollo no es la única fuente de proteína que existe en el mundo! Y elegir una vida vegana tampoco significa que vayamos a sufrir para ingerir la proteína necesaria diaria. Alimentos como el seitán, el tofu, las legumbres (lentejas, alubias), la soja, la quinoa y las nueces (entre otras), nos facilitan mucho la obtención de la proteína que nuestros cuerpos necesitan.

Si eres vegano, ¿por qué intentas replicar platos de productos que no comes?

Muchas de las personas que practicamos el veganismo no lo hacemos porque no nos guste la comida que no comemos. Somos veganos porque no nos gusta la procedencia de los alimentos que no comemos. Es decir, replicar platos «cárnicos» es una manera de disfrutar de platos que a todo el mundo le gustan, pero evitando el sufrimiento animal que conllevan. Aunque a mucha gente le produce rechazo que un plato vegano replique algo cárnico, porque le recuerda demasiado algo que dejó en el pasado, para otras personas es una manera de seguir disfrutando de los platos que siempre le gustaron, pero preparados a base de plantas.

Y ¿por qué no usas nombres originales para tus platos en lugar de usar el nombre cárnico?

William Shakespeare escribió en *Romeo y Julieta*: «*A rose by any other name would smell as sweet*», y aunque este refrán no tiene correspondencia en castellano, significa que, a fin de cuentas, un nombre es solo eso y poco más. Y así es como veo yo los nombres de mis platos y los platos veganos en general. También creo que el hecho de usar el adjetivo «vegano» para calificar un plato tradicional ayuda a aquellas personas que están intentando cambiar su dieta y buscan alternativas a sus platos favoritos.

¿Es realmente saludable vivir una vida vegana?

Según muchos organismos, entre ellos la Academy of Nutrition and Dietetics, una dieta vegana, bien planeada, es saludable y nutricionalmente adecuada para personas de cualquier edad y en cualquier etapa de su vida, incluyendo bebés, niños, embarazadas, adolescentes, gente mayor e incluso atletas. Dicho esto, como con cualquier otra dieta, tenemos que intentar comer de una manera equilibrada.

Si estuvieras atrapado en una isla desierta y solo pudieras comer carne, ¿la comerías?

¡Ah! ¡La mítica isla desierta…! Es curioso que tantas personas estén imaginando la misma catástrofe, porque, os lo juro, me plantean esta pregunta por lo menos una vez cada semana.

Y la respuesta es sí, claro. Es una cuestión de supervivencia. Si repasamos la definición del veganismo, podemos ver que es «una filosofía y forma de vida que busca excluir –hasta donde sea posible y practicable– todas las formas de explotación…». Fíjate, «hasta donde sea posible y practicable». No me veo muriendo de hambre en una isla desierta como algo muy practicable. Es como los chicos de la película *La sociedad de la nieve*. Me imagino que no querían comerse a sus compañeros, pero estamos hablando de una situación de vida o muerte.

Afortunadamente tengo la gran suerte de vivir en una sociedad en la que no tengo que tomar este tipo de decisiones. Puedo ir al supermercado, comprar los ingredientes que necesito para alimentarme y cocinar platos ricos con ellos.

¿Y cómo ves que los leones coman a otros animales en la sabana?

Los humanos no somos leones…

Tal como he dicho en la pregunta anterior, la respuesta nos la da nuestra situación. Un león caza a su presa para garantizar su supervivencia. Sin cazar, estos animales morirían. Los leones no pueden ir a la tienda del barrio y pedir un bocadillo de lo que sea como nosotros.

Hemos evolucionado comiendo carne. Tú vas contra la naturaleza.

Las cosas cambian. No tenemos que seguir haciendo algo solo porque siempre se ha hecho así. Si viviéramos según esta regla, las mujeres seguirían siendo perseguidas por brujería, las personas con otro color de piel no tendrían los mismos derechos que los de raza blanca y probablemente veríamos anuncios en la televisión fomentando el tabaco.

Vivimos en un momento de la historia en el que disponemos de una cantidad de información abrumadora. Tenemos a nuestro alcance una gran cantidad de estudios sobre dietas y sobre lo que necesitamos para vivir una vida larga y feliz. La tecnología nos permite hacer cosas con la comida que hubieran sido imposibles de llevar a cabo hace tan solo veinte años. Lo que quiero decir es que sí, evolucionamos comiendo carne, pero esta evolución nos ha dado la capacidad de poder vivir sin ella.

LA COCINA DE THE VEGAN GUIRI

Cuando la gente piensa por primera vez qué es la gastronomía vegana, se imaginan cosas raras, como un montón de ingredientes que no conocen y medio millón de pasos para lograr el plato final. Pero no te preocupes, por lo menos en este libro, este no es el caso. Entiendo perfectamente, como cualquier otra persona, que una receta para la que necesitas maquinaria de vanguardia, especias de nombres impronunciables y una semana de tu tiempo para llevarla a cabo no es buena para nadie.

Algunos de los platos que muestro en este libro parecen más complicados de lo que realmente son, pero piensa que nunca he trabajado en una cocina que no fuera la mía y tengo fe que en que incluso una persona con una experiencia culinaria escasa podrá preparar todos los platos que le propongo.

Para ayudarte y antes de que empieces, he incluido una lista de mis imprescindibles, cosas un poco más especiales y también una lista de compra básica que cubre todas las necesidades para tener tu nevera y tu despensa llenas y listas para preparar un montón de comida vegana.

Ready?

Mis imprescindibles

Técnicamente, puedes preparar muchos platos sin la ayuda de algunos de estos electrodomésticos y utensilios, pero te van a ayudar bastante si los tienes.

Electrodomésticos esenciales

- refrigerador: para conservar alimentos frescos y perecederos
- cocina: puede ser de gas o eléctrica, imprescindible para cocinar
- microondas: para calentar y cocinar rápidamente
- trituradora: ideal para salsas, batidos y sopas
- batidora de mano: para batir y mezclar ingredientes
- horno: para hornear una variedad de comidas
- procesador de alimentos: para picar o triturar alimentos con rapidez
- tostadora: para tostar pan o recalentar pequeñas porciones
- exprimidor: para sacar el zumo de las frutas
- freidora de aire: para cocinar con menos aceite, y ¡está muy de moda!

Ollas, sartenes y otros recipientes

- sartén antiadherente: porque hay pocas cosas peores que la comida se pegue a la sartén
- olla grande: para sopas, guisos o pastas
- olla pequeña: para calentar pequeñas porciones o hacer salsas
- wok: para cocinar comida asiática o salteados
- recipientes de vidrio para horno: para hornear verduras y carnes vegetales
- recipientes herméticos: para conservar alimentos

Utensilios de cocina

- cuchillos de buena calidad
- tabla de cortar
- cucharas y tazas medidoras: para medir líquidos y sólidos
- báscula de cocina: para pesar ingredientes con precisión
- varillas: para batir salsas
- colador: para colar líquidos o tamizar harina
- espátulas: para mezclar o voltear alimentos
- pinzas de cocina: para no quemarse con alimentos calientes
- rallador: para rallar quesos veganos y verduras
- pelador de vegetales: para pelar frutas y verduras
- cucharones y cucharas de madera: para mezclar y servir

Especias y condimentos básicos

- sal
- pimienta negra
- ajo en polvo
- cebolla en polvo
- pimentón (dulce, picante o ahumado)
- orégano
- laurel
- comino
- perejil
- cúrcuma
- canela
- nuez moscada
- jengibre en polvo
- curri en polvo
- chile en polvo o cayena

Ingredientes básicos

- aceite de oliva: extra virgen para aderezos y uno normal para cocinar
- aceite vegetal: para freír o cocinar a altas temperaturas
- vinagre: de manzana, balsámico o de vino
- azúcar: blanco, moreno o de coco
- harina de trigo: normal o de fuerza
- arroz: blanco, integral o de grano corto
- pasta: variedad de formas y tipos
- legumbres secas o de bote: alubias, lentejas, garbanzos
- caldo: de pastilla o tetrabrick
- mantequilla y margarina vegetal
- bebidas vegetales
- sirope de arce o de agave
- salsa de soja
- mostaza
- tomate triturado y concentrado
- salsa picante

Ingredientes algo más difíciles de encontrar

Los productos de esta lista son un poco más especializados, y puede ser que los tengas que comprar online, en un herbolario o en tu tienda asiática de confianza.

- levadura nutricional: la usamos para añadir un toque de sabor como de queso a nuestros platos
- gluten de trigo: para hacer seitán
- remolacha en polvo: para dar un color más cárnico a nuestros platos
- doubanjiang/gochujang: pastas asiáticas que dan un sabor oriental muy característico
- agar-agar: alga que usamos para gelificar platos
- kala namak: sal negra con olor y sabor a huevo
- quesos / yogures vegetales: normalmente podemos encontrarlos en supermercados grandes
- tofu: firme y/o blando
- tempeh
- moong dal: lentejas amarillas, que usamos para hacer huevos veganos
- polvo de 5 especias: una mezcla de especias que proviene de la gastronomía china
- za'atar: mezcla de especias de Medio Oriente, para usar en salsas
- alga nori: alga que usamos para dar un toque de mar a nuestros platos

Lista de la compra

Imagínate que acabas de mudarte a una casa nueva y tienes que llenar la nevera y la despensa por primera vez. Es un rollo, ¿verdad? Pues no te preocupes, aquí te dejo una lista de la compra para que puedas tener una buena base para preparar una cantidad enorme de platos en casa.

Frutas y verduras frescas

- frutas: manzanas, plátanos, naranjas, bayas (fresas, arándanos, frambuesas), uvas, mangos, peras, kiwis, melones
- verduras de hoja verde: espinacas, col rizada, acelgas, rúcula
- verduras crucíferas: brócoli, coliflor, repollo, coles de Bruselas
- raíces y tubérculos: zanahorias, remolachas, patatas, batatas, rábanos
- pimientos: rojos, verdes, amarillos, jalapeños
- otros vegetales: calabacín, berenjena, pepino, apio, champiñones, espárragos
- aguacates

Legumbres y productos derivados

- legumbres secas o enlatadas: lentejas, garbanzos, alubias (negras, pintas, rojas), guisantes
- tofu: extrafirme y sedoso
- tempeh
- seitán
- soja texturizada

Cereales y granos

- arroz: integral, basmati, jazmín
- quinoa: blanca, roja o negra
- avena: copos gruesos o finos
- pasta: normal, integral o de legumbres
- cuscús
- pan

Frutos secos y semillas

- frutos secos: almendras, nueces, avellanas, anacardos
- semillas: chía, lino, cáñamo, girasol, calabaza

Productos congelados

- verduras congeladas: espinacas, brócoli, guisantes, judías verdes
- frutas congeladas: bayas, mango, plátano (para smoothies)
- hamburguesas veganas o nuggets veganos

Lácteos y sustitutos veganos

- leche vegetal: de almendra, soja, avena, coco, arroz
- yogur vegetal: de soja, coco, almendra
- quesos veganos: de anacardos, soja o aceite de coco
- crema vegetal: a base de soja o avena, para cocinar

Condimentos y salsas

- aceites: de oliva virgen extra, de coco, de girasol
- tahini
- miso
- salsa de soja o tamari
- levadura nutricional
- salsas picantes

Hierbas y especias

- orégano
- albahaca
- tomillo
- romero
- comino
- cúrcuma
- pimentón
- canela
- jengibre

Edulcorantes naturales

- sirope de arce o de agave
- dátiles y pasas

Snacks y extras

- hummus
- galletas integrales o veganas
- chocolate negro
- barritas energéticas veganas
- alga nori

Bebidas vegetales

- leche de almendra, de avena, de coco, etc.

SEI

TÁN

UN POCO DE TEORÍA

No te preocupes, no estamos hablando del diablo (¡él es satán!). Estamos hablando de una de las alternativas a la carne más antiguas y populares del mundo, el seitán.

El seitán es un alimento elaborado a partir del gluten de trigo, que es la proteína principal que lleva este cereal, por eso, cuando se usa en platos para emular carne, es muy común llamarlo *wheat meat* (carne de trigo, en inglés). Pero su nombre, «seitán», viene de Japón, uno de los países donde tiene sus raíces. *Sei* significa «hecho de» y *tan* significa «proteína», en japonés.

Tanto en Japón como en China, el seitán se ha consumido durante siglos, debido sobre todo a las dietas budistas que forman parte de las culturas de estos dos países. Los monjes budistas de China comenzaron a elaborarlo hace más de mil años, aprovechando el gluten de trigo como una fuente de proteína. En las últimas décadas, el seitán ha ganado popularidad en el mundo occidental por el incremento de consumidores que buscan alternativas a la carne, pues puede simular su textura y tiene una gran versatilidad en cuanto a maneras de formarlo y sazonarlo.

Si eres celíaco, es mejor que pases al siguiente capítulo, porque como es gluten puro, no va a ser bueno para tu salud. *Sorry!*

Pero ¿qué es el gluten de trigo exactamente? ¿Cómo lo podemos conseguir? Básicamente, hay dos maneras de hacer seitán: a partir de harina de trigo (la harina normal que se compra y se suele tener en la despensa) o usando gluten de trigo directamente. Cada una tiene sus pros y sus contras.

Si hacemos el seitán a partir de harina de trigo nos saldrá mucho más económico, ya que solo necesitaremos comprar una bolsa de harina normal y mezclarla con agua.

El gluten de trigo, aparte de ser más caro, también puede ser más difícil de conseguir. Por lo general, tendrás que buscarlo en un herbolario, en un supermercado asiático o en una tienda especializada en productos de este tipo.

Dicho esto, lo que gastas en el gluten de trigo te lo vas a ahorrar en tiempo, porque cocinar con él es muchísimo más rápido, ya que no tendrás que esperar a que el gluten se forme ni tendrás que hacer «el lavado» para separar el almidón y el gluten, sino que lo podrás cocinar directamente.

En este libro voy a usar ambas formas y también te enseñaré una receta básica —pollo desmenuzado— con el mismo alimento, pero usando las dos técnicas.

¿Listo?

Vamos a empezar por la manera que algunos dicen que es más compleja y que a mí me gusta llamarla old school. *Si quieres sentirte como un auténtico mago, que convierte una bolsa de harina en una alternativa de pollo, ¡este es tu método!*

INGREDIENTES

- 1 kg de harina de fuerza (es la harina que se usa para hacer pan, pero sirve cualquiera que tenga más de 10 g de proteína por cada 100 g / 650 ml de agua (aprox.)
- caldo para darle un sabor, aunque podrías sazonarlo después

POLLO DESMENUZADO (HARINA DE FUERZA)

Empezaremos mezclando la harina y el agua hasta formar una masa. No te preocupes si ves que la masa queda demasiado seca; siempre podemos ir añadiendo pequeñas cantidades de agua hasta que obtengamos una masa homogénea.

Cuando tenemos la masa formada, la dejamos reposar durante 30 minutos. Cuando pasen, la volvemos a amasar y la dejamos reposar otra media hora más. Así estamos formando el gluten.

Al cabo de los 30 minutos, cubrimos la masa con agua a la que hemos añadido un par de cucharaditas de sal y la dejamos en la nevera durante la noche. Así, y con la ayuda de la sal, el gluten tiene tiempo de formarse bien.

Al día siguiente empezamos con el lavado de la masa en un bol de agua para eliminar el almidón. Al ir amasando la masa debajo del agua, veremos que el agua va cambiando de color. Seguiremos amasando la masa hasta que el agua esté opaca. En este momento, cambiamos el agua y seguimos con el proceso, repitiendo los mismos pasos hasta que podamos ver que el gluten se está formando bien y queda poco almidón. Cuando el agua ya no cambie de color, prácticamente habremos eliminado por completo el almidón y habremos obtenido el gluten de trigo o ¡seitán!

Dejaremos el seitán durante media hora en un colador para que suelte un poco más de agua y en este momento le añadiremos las especias (sal, ajo y cebolla en polvo, romero, etc.).

Luego, estiraremos el seitán y haremos nudos con él hasta conseguir algo parecido a una pelota de nudos. Este proceso nos ayudará a obtener una buena textura cuando lo cocinemos.

Lo cocinamos en un caldo a fuego lento durante 1 hora (o hasta que veamos que el seitán está firme) y, cuando haya enfriado un poco, lo desmenuzamos con las manos o con la ayuda de un par de tenedores. ¡Listo!

INGREDIENTES

- 250 g de gluten de trigo
- 400 g de garbanzos y su aquafaba (el líquido del bote de garbanzos)
- 50 g de tofu
- 50 ml de agua
- 3 cdas. de AOVE
- 1 cda. de cebolla y ajo en polvo
- 2 cdas. de levadura nutricional
- 1 pastilla de caldo vegetal
- romero y perejil

POLLO DESMENUZADO (GLUTEN DE TRIGO)

Ok, ya has visto cómo hacer el no pollo desde cero, pero si tienes menos tiempo, menos paciencia o a lo mejor tienes una bolsa de gluten de trigo en casa, ¡este método es para ti! Como puedes ver, vamos a necesitar un par de ingredientes más para esta receta, pero en una hora y media podemos estar comiendo este manjar.

Empezaremos preparando nuestra mezcla líquida. Vamos a poner todos nuestros ingredientes, a excepción del gluten de trigo, en una trituradora hasta que consigamos una consistencia lisa, sin grumos.

Cuando tengamos nuestra mezcla hecha, pesamos 250 g de gluten de trigo en un bol grande y añadimos la mezcla líquida que hemos preparado antes. La mezclamos muy bien con una espátula y cuando esté muy bien mezclado, empezamos a amasar.

Amasamos la mezcla bien fuerte durante 10-12 minutos. Después de 10 minutos amasando nos quedará una masa que, cuando la estiramos, podremos ir notando las fibras del no pollo formado.

Ahora tenemos que aplanar nuestra bola de seitán y la cortamos en 3 secciones. Hacemos una trenza con las 3 secciones y la ponemos en una sartén u olla con caldo vegetal, perejil y romero.

La dejamos cocinar durante 1 hora a fuego lento.

Cuando nuestro seitán esté listo, tendremos que dejarlo enfriar antes de desmenuzarlo en tiras. Podemos hacerlas del tamaño que más nos guste, más grandes o más pequeñas. Y ahora ya sí, lo podemos disfrutar en multitud de recetas.

PECHUGA DE POLLO VEGANA

Recuerdo que, cuando subí una story de esta receta a mi Instagram Stories a modo de preview del vídeo que iba a subir el día después, la gente se volvió loca. No pensaba que iba a recibir tantos mensajes sobre este plato. Es cierto que es bastante llamativo por su similitud con la carne, tanto en color como en textura. Pero ¡lo más importante es que es un plato superrico!

INGREDIENTES PARA 1 PECHUGA GRANDE

- 1 kg de harina de fuerza
- 700 ml de agua
- el líquido de un paquete de remolacha
- 3 cdtas. de ajo y cebolla en polvo
- 1 cdta. de sal y 1cdta. de MSG (opcional)
- ½ cdta. de pimienta negra y ½ de café soluble (opcional también)
- AOVE para freír

Mezclamos la harina con el agua para formar la masa y la dejamos reposar entre 45 minutos y 1 hora. Transcurrido este tiempo, el gluten habrá empezado a tomar forma. Lo amasamos con la ayuda de una espátula y lo dejamos reposar durante 45 minutos.

La masa va a tener bastante gluten formado, así que la cubrimos con agua y un puñado de sal, y la metemos en la nevera durante la noche (puedes usarla después de 1 hora, pero si la dejas reposar más tiempo el gluten se forma mejor).

¡Ahora viene la parte divertida! Lavamos nuestra mezcla en un bol con agua limpia para eliminar todo el almidón y que en la masa solo quede el gluten. Cuando veamos que el agua es muy opaca, la cambiamos con la ayuda de un colador. Repetimos este proceso de amasar la masa debajo del agua hasta que el agua casi no cambie su color. Esto querrá decir que ya se ha eliminado el almidón ¡y que estamos trabajando con gluten puro!

Dejamos el gluten en un colador durante 30 minutos o 1 hora para que suelte toda el agua y pueda formar más.

En un bol, mezclamos la sal y las especias, y vertemos también el líquido de remolacha.

Estiramos bien el gluten y le hacemos tres cortes en vertical dejando una de las puntas de la pieza sin cortar. Añadimos las especias y un poco del líquido de la remolacha y lo masajeamos para que se incorpore bien. Hacemos una trenza con las tres tiras y a continuación doblamos la pieza por la mitad en sentido horizontal sobreponiendo la base de la trenza de modo que la cubra por entero.

Lo doramos en la sartén un par de minutos cada lado, lo envolvemos bien apretado y lo cocinamos al vapor 30 minutos cada lado. Al cabo de 1 hora, tendremos la pechuga lista para disfrutar con patatas, verduras al vapor o como más nos guste.

CHULETÓN VEGANO

Hay pocas cosas más cárnicas y emblemáticas para los amantes de la carne que un buen chuletón.
Así que cuando pregunté a los seguidores de mis redes sociales qué plato querían que preparara de forma vegana, la respuesta más frecuente con diferencia fue «un chuletón». Con la ayuda de nuestro amigo el seitán, vamos a hacer uno que no tiene nada que envidiar a la versión original.

INGREDIENTES PARA 2 STEAKS

- 200 g de gluten de trigo
- 3 cdtas. de ajo y cebolla en polvo
- 3 cdtas. de pimentón
- ½ remolacha
- ½ cebolla blanca
- 4 cdas. de salsa de soja
- 2 cdas. de mostaza
- 1 cda. de AOVE
- 50 ml de vino tinto
- 1 cda. de vino, salsa de soja, AOVE, pimentón, ajo en polvo y agave (para pintar los chuletones)

Empezamos mezclando el vino, la remolacha, la salsa de soja, la mostaza y el AOVE en un procesador de alimentos. Añadimos la cebolla y lo trituramos todo hasta que la cebolla esté bien picada.

Mezclamos el gluten de trigo con el ajo y la cebolla en polvo y el pimentón, y después lo incorporamos a nuestro procesador.

Luego hacemos una bola con la mezcla, la aplanamos y la dividimos en filetes.

En un bol, mezclamos partes iguales (1 cda.) de vino tinto, salsa de soja, AOVE, pimentón, ajo en polvo y agave.

Pintamos los filetes con un poco de aceite y después con la mitad de la mezcla que hemos preparado en el bol. Los metemos en el horno precalentado a 200 °C durante 30 minutos. Al cabo de 15 minutos los sacamos, los pintamos con el resto de la mezcla y otra vez al horno.

A mí me gusta pasarlos después por la plancha con un poco de mantequilla vegetal y ajo durante un par de minutos por cada lado.

¡Y ya los tienes listos para disfrutar como más te gusten! Van perfectos con mi salsa de pimienta que tienes en la página 223.

INGREDIENTES PARA UN CUBITO DE VGFC

- 1 kg de harina de fuerza + 250 g para el rebozado
- 700 ml de agua
- 2 l de caldo vegetal
- *vegan buttermilk* (240 ml de leche vegetal y 1 cda. de limón)
- mezcla de especias de KFC:
  30 g de pimentón
  2 cdas. de ajo en polvo
  2 cdas. de pimienta blanca
  1 cda. de sal de apio
  1 cda. de pimienta negra
  1 cda. de mostaza en polvo
  2 cdtas. de sal
  2 cdtas. de cebolla en polvo
  2 cdtas. de tomillo
  2 cdtas. de albahaca
  2 cdtas. de orégano
  1 cdta. de jengibre
  1 cdta. de glutamato monosódico
- copos de maíz o panko al gusto

VGFC (THE VEGAN GUIRI FRIED CHICKEN)

Estuve una vez en Kentucky, el estado de donde proviene una de las comidas rápidas más famosas del mundo: el Kentucky Fried Chicken. Y como yo no soy el Colonel Sanders, puedes llamarme Colonel Cross con esta versión vegana del pollo frito, perfecta para compartir cuando estés con amigos que crean que la comida vegana es lechuga y poco más.

Para hacer el seitán, vamos a mezclar la harina con 700 ml de agua en un bol y formamos una masa. La dejamos reposar durante unos 30 minutos. Luego le damos forma de bola y la metemos en un bol con agua fría durante unas horas o durante la noche.

Después, vamos a lavar la masa. Colocamos un colador debajo del bol, amasamos y estiramos la masa hasta que el agua está opaca.

Cambiamos el agua y vamos repitiendo este proceso hasta que el agua tenga muy poco color.

Ahora vamos a tener el gluten con muy poco almidón. Lo dejamos en el colador durante 30 minutos. Luego estará listo para formar los filetes y lo cortaremos aproximadamente en unos 8 trozos.

En un buen caldo vegetal, cocinamos los filetes durante 1 hora a fuego lento.

Cuando están cocinados, los marinamos en el *buttermilk* durante 20 minutos.

Con la mezcla de harina y de especias preparamos el rebozado.

Pasamos los filetes por el rebozado, después por el *buttermilk* una vez más y, por último, por los copos de maíz o panko.

En aceite bien caliente, los freímos durante un par de minutos por cada lado, ¡y listos!

FILETE DE NO POLLO

INGREDIENTES PARA 4 FILETES GRANDES

- 1 kg de harina de fuerza
- 700 ml de agua (más o menos)
- 1 cda. de cebolla en polvo
- 1 cda. de ajo en polvo
- 2 cdas. de levadura nutricional
- ½ cdta. de sal
- 1 cda. de aceite
- 2 l de caldo vegetal

Esta receta es todoterreno. Cuando no sé qué voy a hacer, pero sé que quiero utilizar seitán, suelo terminar haciendo un filete de no pollo. ¿Por qué? Porque al final es algo bastante sencillo de preparar, puedes comerlo así, sin más, meterlo en un bocadillo como un serranito o empanarlo, ¡y sabe a gloria!

Vamos a usar la misma técnica para hacer seitán que en las recetas anteriores, es decir, mezclamos la harina de fuerza con el agua hasta obtener una masa. La dejamos reposar media hora, la amasamos un poco más y la dejamos reposar otra media hora antes de cubrirla en agua con un puñado de sal durante la noche.

Ahora, ¡ya sabes! ¡El lavado! Vamos a lavar la masa hasta que el agua en el bol esté prácticamente clara.

Dejamos que el gluten repose en el colador para que suelte un poco más de agua, pero añadimos la cebolla y el ajo en polvo, la levadura nutricional y un poco de sal.

Estiramos el gluten y lo cortamos en 4 filetes.

En una sartén con un poco de aceite, vamos a sellar los filetes, basta con marcarlos un poco por ambos lados. Este proceso va a ayudar a que los filetes mantengan su forma mientras los cocinamos en el caldo, que es el próximo paso.

En un buen caldo vegetal, cocinamos los filetes a fuego bajo durante 1 hora.

Los dejamos enfriar, ¡y listos! ¿Por qué no freímos un pimiento verde con un poco de jamón vegano y nos hacemos un serranito con alioli?

SEITÁN ESTILO MONGOL

En la receta de The Vegan Guiri Fried Chicken, te dije que había visitado Kentucky, la cuna del famoso pollo frito. Por desgracia, nunca he estado en Mongolia, ¡aunque me encantaría ir algún día! Dicho esto, y a pesar de su nombre, este plato tiene su origen en Taiwán, donde había muchos restaurantes tipo «barbacoas mongol». Lo que quiero decir es que este plato es tan mongol como un tikka masala indio. Sea cual sea su origen, es exquisito.

INGREDIENTES PARA 2 RACIONES

PARA EL SEITÁN

- 30 g de harina de arroz
- 250 g de gluten de trigo
- 400 g de garbanzos y su aquafaba (el líquido del bote de garbanzos)
- 50 g de tofu
- 50 ml de agua
- 2 cdas. de levadura nutricional
- 1 cda. de tomate concentrado
- 1 cda. de humo líquido (opcional)
- ½ cdta. de sal
- ½ cdta. de ajo en polvo
- ½ cdta. de cebolla en polvo
- ½ cdta. de pimienta negra
- 1 cda. de aceite de sésamo
- una pizca de sésamo (opcional)
- cebolleta (opcional)

PARA LA SALSA

- 60 ml de salsa de soja
- 60 ml de agua
- 2 cdas. de sirope de agave o de arce
- ½ cdta. de ajo en polvo
- ½ cdta. de jengibre en polvo

Vamos a empezar triturando los garbanzos, el tofu y el agua con la levadura nutricional, el tomate, el humo líquido y las especias hasta que tengamos una mezcla bien lisa, sin grumos.

Vertemos la mezcla en un bol con nuestro gluten de trigo y la harina de arroz, y vamos amasando durante 5 minutos para que el gluten pueda formarse.

Ahora, dividimos el seitán en un par de filetes. Podemos usar un rodillo para aplanarlos un poco. Los cocinamos al vapor durante 1 hora, dándoles la vuelta después de media hora.

Mientras esperamos a que el seitán se enfríe, preparamos un bol con la salsa de soja, el agua, el agave, el ajo y el jengibre. Mezclamos todo muy bien.

Como el seitán es muy fácil de manejar, vamos a cortarlo en trozos finos y los pasamos por la sartén con un poco de aceite (¡te recomiendo que le eches sésamo!) hasta que se empiecen a dorar un poco. Luego añadimos la salsa.

A fuego lento, cocinamos el seitán con la salsa durante unos 10 minutos. La salsa espesará durante este proceso.

Para terminar, ¡te aconsejo servirlo con arroz blanco o fideos de arroz con un poco de sésamo y cebolleta por encima!

Una de las cosas que me gustan más del verano es quedar con mis amigos a tomar unas cervezas con una BBQ. Y aunque este plato no se hace en una barbacoa, es una opción perfecta para llevar a la próxima quedada y demostrar que los veganos no vivimos de ensaladas.

INGREDIENTES PARA 2 COSTILLAS

- 1 kg de harina de trigo
- 250 g de gluten de trigo
- 50 g de cebolla
- 50 g de garbanzos machacados
- 2 cdtas. de ajo en polvo
- 2 cdtas. de cebolla en polvo
- 2 cdtas. de pimentón
- 1 cdta. de caldo vegetal
- 3 cdas. de salsa de soja
- 2 cdas. de salsa BBQ
- 1 cda. de AOVE
- 200 ml agua
- mezcla de especias (1 cdta. de ajo, otra de cebolla, otra de azúcar moreno y ½ cdta. de sal)
- salsa BBQ (150-200 g, ¡depende de cuánto te guste!)
- palitos de canela o azúcar opcionales para imitar los huesos

BBQ COSTILLAS DE SEITÁN

En un bol, mezclamos el gluten de trigo, las especias y el caldo con la ayuda de una batidora. Hacemos un hueco en el centro de la mezcla.

Machacamos los garbanzos y la cebolla. Yo uso un procesador de alimentos, pero también podrías machacar los garbanzos con un tenedor y picar la cebolla finita con un cuchillo. Lo echamos todo al hueco en el bol junto con la salsa de soja, BBQ, el AOVE y el agua. Empezamos con 150 ml de agua y poco a poco vamos añadiendo más hasta que tengamos una mezcla mojada, pero no pegajosa.

Mezclamos todo para que quede bien incorporado. Luego dividimos el gluten en 4 partes con forma de rectángulos.

Ponemos dos rectángulos juntos y clavamos los palitos de canela o azúcar. Hacemos unos cortes en las costillas sin llegar a cortarlas del todo y las embadurnamos con la mezcla de especias.

En un recipiente de horno, añadimos un poco de AOVE y pasamos las costillas por ambos lados.

Las pintamos con una capa generosa de salsa BBQ, las cubrimos con papel de aluminio y las horneamos en el horno precalentado a 180 °C durante 20 minutos.

Pasados los 20 minutos, quitamos el papel de aluminio, subimos el horno a 220 °C y cocinamos 10 minutos más.

En este momento las costillas deberían estar listas para marcarlas en una sartén o plancha, pero si ves que todavía les falta cocción, puedes cocinarlas otros 20 minutos al vapor.

Para terminar, las pasamos por la plancha con un poco más de salsa BBQ. Lo que queremos es caramelizarlas un poco por los dos lados. Las dejamos enfriar, las cortamos ¡y a disfrutar!

SEITÁN TWIZZLERS

En el año 2005, el chef británico Jamie Oliver hizo un programa de televisión donde hablaba de lo que comían los niños de Gran Bretaña. Su intención era mejorar la calidad y el valor nutricional de la comida que se daba en los colegios, y tuvo bastante éxito. Sin embargo, hubo un plato que no salió muy bien parado, el turkey twizzler, una salchicha rebozada en forma de espiral. Después del programa se prohibió servir twizzlers en los colegios y el fabricante tuvo que dejar de vender el producto. Pero como aquí no tenemos que lidiar con las reglas del Gobierno británico, ¡vamos a preparar una versión de esta comida tan icónica usando seitán!

INGREDIENTES PARA 6 TWIZZLERS

PARA LAS SALCHICHAS

- 120 g de tofu firme
- 120 g de gluten de trigo
- 120 ml de caldo vegetal
- 2 cdas. de levadura nutricional
- 2 cdas. de salsa BBQ
- 2 cdas. de pimentón
- 2 cdas. de harina de trigo
- 1 pizca de sal

PARA EL REBOZADO

- 100 g de harina normal
- 1 cdta. de azúcar
- 1 cdta. de ajo en polvo
- 1 cdta. de pimentón
- 1 cdta. de cebolla en polvo
- 100 ml de suero de mantequilla (90 ml bebida vegetal de soja y 2 cdas. de zumo de limón)

Para hacer el seitán, metemos el tofu, el caldo de verduras, la levadura nutricional, el pimentón y la salsa BBQ en una trituradora y lo mezclamos todo hasta que quede bien suave.

En un bol, vertemos y mezclamos el gluten de trigo y la harina. Incorporamos la mezcla al bol, mezclando todo hasta que se forme una masa. Añadimos un toque de sal y la amasamos durante unos 5-6 minutos, hasta que la masa esté elástica.

Dividimos la masa en ocho partes, les damos forma de salchichas y las envolvemos en papel de aluminio vigilando que los extremos estén bien cerrados para que las salchichas queden compactas. Las cocinamos al vapor durante 45 minutos y las dejamos enfriar.

Para el rebozado, mezclamos la harina, el pimentón, el azúcar, la cebolla y el ajo en polvo en un bol.

Una vez que el seitán esté frío, ensarta las salchichas en brochetas y con un cuchillo córtalas en espiral para darles la forma del twizzler.

Pasamos el seitán primero por la mezcla de suero de mantequilla y luego por la mezcla de harina y especias. Freímos los twizzler unos 3-4 minutos por cada lado en aceite caliente, hasta que estén doraditos y crujientes. Sacamos las brochetas y ya las puedes servir con tu salsa favorita.

A ver, lo sé, no siempre disponemos de 1 hora para preparar el seitán para el almuerzo o la cena. Con esta receta podrás hacerlo en tan solo 20 minutos. Así puedes disfrutar de un plato lleno de proteínas ¡sin preocuparte del tiempo!

¿CÓMO PREPARAR SEITÁN EN 20 MINUTOS PARA GENTE CON POCO TIEMPO?

INGREDIENTES PARA 2 PORCIONES, PERFECTO PARA COMPARTIR

- 100 g de gluten de trigo
- 30 g de harina de trigo
- 100 ml de agua
- 2 cdtas. de sazonador de pollo
- 1 cdta. de ajo en polvo
- 1 cda. de salsa de chili dulce
- 1 cda. de salsa de soja
- cebolla y pimiento verde (opcional)

En un bol mezclamos el gluten de trigo con la harina y las especias. Vamos añadiendo el agua poco a poco hasta que obtengamos una masa pegajosa. No hace falta que amases.

Ahora vamos sacando trocitos de la masa y los dejamos listos para cocinar.

Aquí tenemos dos maneras de cocinar la masa: al vapor o directamente en la sartén.

Si optamos por cocinarla al vapor, simplemente tenemos que añadir los trozos de gluten a la cesta de la olla de vapor y cocinarlo durante 15 minutos.

La otra opción es hacerlo en una sartén con un poco de aceite caliente. Pasamos los trozos de seitán durante un par de minutos por cada lado hasta que estén dorados por fuera.

En la sartén, bajamos la temperatura, añadimos la salsa de soja, el chili dulce y un par de cucharadas de agua, cubrimos la sartén y dejamos que se cocine durante 15 minutos. Si quieres, puedes añadir verduras y freírlas con el seitán al mismo tiempo.

Cuando está doradito por fuera y con una textura más fibrosa por dentro, ¡el seitán está listo!

¡Ahora podemos servirlo con arroz, noodles o simplemente solo, como más te guste!

INGREDIENTES PARA HACER UN TRONCO GRANDE DE SEITÁN

- 1 bote de garbanzos y su aquafaba
- 180 g de gluten de trigo
- 3 cdas. de levadura nutricional
- 2 cdas. de almidón de tapioca
- 2 cdtas. de pasta de miso
- ½ cda. de cebolla en polvo
- ½ cda. de ajo en polvo
- ½ cda. de pimienta negra
- 1 cda. salsa de soja
- 1 cda. de pimentón mezclado
- 1 cda. de caldo vegetal
- 2 cdas. de AOVE

LONCHAS PARA TUS BOCADILLOS

¿A quién no le gusta un bocadillo con unas lonchas de su embutido favorito? Con estas lonchas puedes hacer el sándwich más básico y cutre del mundo, ¡y te va a saber a gloria! Esta versión de seitán va a satisfacer todos tus antojos. ¡También puedes jugar con las especias que más te gusten!

En una trituradora, añadimos todos los ingredientes, menos el gluten de trigo, y trituramos hasta conseguir una mezcla sin grumos.

Vertemos la mezcla en un bol grande y añadimos el gluten. Lo mezclamos todo bien y amasamos hasta que obtengamos una masa firme. También podrías hacer este proceso en la trituradora, pero yo soy un poco más *old school* y me gusta hacerlo a mano. Este paso tardará unos 5 minutos. Sabremos que hemos terminado cuando veamos que se están formando hilos de gluten.

Hacemos un tronco con el gluten, lo pintamos con un poco de aceite (también es opcional, pero te recomiendo añadirle unas especias) y lo enrollamos en papel de aluminio. Lo dejamos bien apretado.

Lo metemos en el horno a 180 °C, dándole vueltas cada 15 minutos, durante 1 hora.

Lo dejamos en la nevera toda la noche y, al día siguiente, estará listo para cortarlo en lonchas finas.

INGREDIENTES PARA HACER 1 SALCHICHA LARGA

- 125 g de gluten de trigo
- 200 g de garbanzos y todo el aquafaba de un bote de garbanzos
- 4 cdas. de pimentón
- 200 ml de caldo vegetal
- 2 cdtas. de tomate concentrado
- 2 cdas. de levadura nutricional
- 2 cdas. de soja texturizada fina o tofu desmenuzado
- aceite de oliva AOVE

CHORIZO NORIZO

¡Vale, vale! Es verdad, nunca he comido chorizo tradicional ni soy español, pero esta versión vegana con gluten de trigo es una manera de replicar este embutido tan querido por aquí. Cuando me sobra un poco de gluten, ¡suelo preparar esta receta!

Empezamos echando todos los ingredientes, menos el gluten y la soja texturizada, en una batidora y trituramos hasta obtener una mezcla suave y rojiza.

Luego, vertemos esta mezcla en un bol grande junto con el gluten de trigo y mezclamos bien hasta que todo esté bien incorporado.

Cuando tengamos una masa uniforme, añadimos la soja texturizada o tofu y amasamos todo durante unos 12 minutos, asegurándonos de que la soja esté bien repartida.

Después de amasar, hacemos un rollo con la masa en forma de salchicha, lo envolvemos en papel de aluminio y lo cocinamos al vapor durante 1 hora.

Pasado ese tiempo, sacamos nuestro norizo, le quitamos el papel de aluminio (con cuidado, ¡que quema!) y lo dejamos enfriar durante media hora. ¡Listo!

Córtalo como más te guste y disfrútalo con tus platos favoritos.

CARRILLADA CON SALSA PEDRO XIMÉNEZ

Cuando hice esta receta por primera vez dije: «Ah, ahora entiendo por qué este plato es tan popular aquí, en España ». Esta carrillada está hecha con seitán en vez de cerdo, pero con su textura tan cárnica y la salsa tan rica, te va a encantar esta versión plant-based.

INGREDIENTES PARA 2 CARRILLADAS EN SALSA PEDRO XIMÉNEZ

PARA EL SEITÁN

Parte seca

- 200 g de gluten de trigo
- 30 g de harina de arroz
- 2 cdas. de levadura nutricional
- 2 cdas. de ajo en polvo
- 1 cda. de cebolla en polvo
- 1 cda. de pimienta negra
- 1 cda. de pimentón

Parte líquida

- 50 g de garbanzos
- 50 g de cebolla
- 3 cdas. de salsa de soja
- 1 cda. de AOVE y vinagre
- 2 cdtas. de sirope de arce
- 200 ml de caldo vegetal

PARA LA SALSA

- 1 cebolla
- 1 zanahoria
- medio palo de apio
- 150 ml de Pedro Ximénez
- 500 ml de caldo vegetal
- 1 cda. de tomillo

MARINADA PARA EL SEITÁN

- 3 cdas. de salsa de soja
- 2 cdas. de AOVE
- 1 cda. de vinagre
- 1 cda. de sirope de arce

Preparamos la parte líquida del seitán, triturando todos los ingredientes hasta obtener una mezcla homogénea.

Mezclamos el gluten de trigo con la harina de arroz y el resto de los ingredientes secos, añadimos la parte líquida y lo incorporamos todo. Formamos una bola y la amasamos durante un par de minutos para que el gluten se forme.

Para hacer la carrillada, vamos a cortar el gluten en dos, y cada mitad la vamos a dividir en ⅔ y ⅓. Estiramos la parte más grande y hacemos un par de cortes para que tengamos tres ramas de gluten, pero dejando una parte común. Hacemos una trenza y después formamos una bola con ella. La otra parte del gluten (⅓) va a funcionar como una bolsa para la pelota, pues la vamos a envolver con ella.

Metemos las carrilladas en un recipiente del horno engrasado y las cubrimos con la marinada. Las horneamos durante 20 minutos a 180 °C, dándoles la vuelta después de 10.

Hacemos la salsa dorando la cebolla con el ajo y después añadimos las zanahorias y el apio bien picados con las verduras blanditas, añadimos las carrilladas, el Pedro Ximénez y el tomillo, subimos el fuego y cocinamos hasta que se evapore el alcohol. Bajamos la temperatura, añadimos el caldo y dejamos reducir la salsa durante 30 minutos.

Ponemos nuestras carrilladas en un plato, batimos la salsa con la ayuda de una trituradora ¡y las servimos con unas patatas fritas!

JERKY

INGREDIENTES PARA 8 PERSONAS

PARA EL SEITÁN

- 280 g de gluten de trigo
- 240 ml de agua
- 60 ml de salsa de soja
- 1 cdta. de pimentón
- 6 dientes de ajo picado
- 2 cdas. de vinagre de arroz
- 60 ml de sirope de arce
- 2 cdtas. de aceite de sésamo

PARA EL MARINADO

- 60 ml de salsa de soja
- 3 cdas. de sirope de arce
- 2 cdas. de pimentón
- 1 cda. de ajo en polvo
- 1 cda. de cebolla en polvo

A lo mejor conoces el jerky de las películas americanas, pero la palabra en sí proviene del quechua, «ch'arki», que significa carne secada y salada. Está claro que no vamos a secar y salar carne en este libro, pero ¡sí podemos hacer algo igual de rico con el seitán!

Empezamos mezclando todos los ingredientes para el seitán, a excepción del gluten de trigo, en una trituradora hasta obtener una mezcla homogénea.

Vertemos y removemos la mezcla líquida en el gluten de trigo.

Pasamos la masa a una superficie plana y amasamos durante 2 o 3 minutos. Cortamos la bola de masa en 3 o 4 piezas y las dejamos reposar en el congelador durante 30 minutos.

En un bol mezclamos los ingredientes para la salsa del marinado.

Una vez que se haya enfriado la masa, la cortamos en rodajas finas, pasamos cada pieza por el marinado y las colocamos en la rejilla del horno. No olvides poner una bandeja abajo para que recoja el líquido que cae del jerky.

Las horneamos en horno precalentado a 120 °C entre 1 hora y media y 2 horas. Sabemos que estarán hechas cuando las láminas más finas hayan adquirido una textura casi crujiente.

Las dejamos enfriar y las guardamos en un recipiente hermético listo para cuando queramos un snack rico en proteínas.

KIEV DE SEITÁN

Aunque se parece bastante, un kiev es un poco diferente a un sanjacobo. La idea es similar, es decir, se trata de carne empanada con algo más. En el caso del kiev, suele ser un filete de pollo untado con mantequilla fría, empanado y frito. En el Reino Unido fue el primer plato preparado que sacó el supermercado Marks and Spencer en 1979 y hoy día sigue siendo uno de los favoritos para el público británico.

INGREDIENTES PARA 2 KIEVS

- 2 filetes de seitán de la receta en la página 37
- 60 g de pan rallado
- 60 g de harina de trigo
- 80 ml de agua
- 2 cdas. de mantequilla vegetal
- 2 dientes de ajo
- un poco de perejil
- aceite vegetal abundante para freír

Vamos a empezar haciendo nuestro relleno: la mantequilla de ajo. Simplemente tenemos que mezclar el ajo picado con la mantequilla vegetal y el perejil hasta que todo esté incorporado. Para usarla en el interior de nuestros kievs, tenemos que dividirla en 4 partes sobre un poco de film y congelarla.

Para preparar los kievs, usamos la receta para hacer filetes de no pollo (página 37), pero, antes de marcarlos en la sartén, vamos a envolver el gluten alrededor de la mantequilla congelada, lo suficiente para poder sellar los filetes.

En papel film o papel de aluminio, envolvemos el seitán y lo cocinamos al vapor durante 45 minutos.

Lo dejamos enfriar mientras preparamos el rebozado: mezclamos la harina con el agua. En un plato aparte disponemos el pan rallado.

Como los filetes están fríos, los pasamos por el rebozado y después por el pan rallado. Por último, los freímos en una sartén con aceite bien caliente durante unos minutos cada lado, hasta que estén dorados.

INGREDIENTES PARA 4 BURGERS

- 160 g de gluten de trigo
- 80 g de tofu firme
- 3 cdas. de agua
- ½ cda. de AOVE
- ½ cdta. de sal
- ½ cdta. de pimienta
- ½ cdta. de sazonador no pollo
- 100 ml de leche vegetal
- ½ cda. de vinagre de manzana
- 30 g de harina
- 100 g de copos de maíz
- salsa picante al gusto

NASHVILLE HOT CHICKEN BURGERS

Las hamburguesas son mi comida favorita. Es que son perfectas. ¿A quién no le apetece un trozo de algo rico entre panes, con las salsas y extras que le gusten más? ¡Así que estas burgers de seitán, empanadas con copos de maíz y pintadas con una glaseada picante y dulce a la vez, son unos de mis go-to's!

En un bol mezclamos la leche vegetal con el vinagre de manzana para hacer el *buttermilk*.

Trituramos el tofu con agua y aceite hasta que todo se haya mezclado bien.

En un bol grande, vertemos los ingredientes secos (el gluten de trigo, la sal, la pimienta y el sazonador). Dejamos un hueco en el centro y añadimos la mezcla líquida de tofu y agua. Removemos para combinar lo seco con lo húmedo y luego trabajamos suavemente la masa con las manos durante 1-2 minutos, hasta que se forme una bola.

Para dar forma a las hamburguesas dividimos la masa en 3 o 4 partes.

Metemos brevemente las burgers en la mezcla de leche y vinagre, y luego las pasamos por la harina, presionando bien para cubrir todos los lados. Ahora las sumergimos en el *buttermilk* y luego en los copos de maíz.

Las horneamos en horno precalentado a 200 °C durante 20 minutos. Transcurridos los primeros 10 minutos les damos la vuelta. Sacamos las burgers del horno y las untamos con una capa de salsa picante.

Volvemos a hornearlas 5 minutos más. ¡Y listo para disfrutarlas de la manera que más te gusten!

CANGREJO (GLUTEN DE TRIGO)

Hemos visto que podemos hacer muchos tipos de carne vegetal con el seitán. Para terminar vamos a mirar hacia el mar y a disfrutar de una versión de cangrejo desmenuzado. ¡Y lo vamos a montar en un sándwich típico del noreste de Estados Unidos!

INGREDIENTES PARA EL CANGREJO Y EL ADEREZO PARA LOS ROLLS

PARA EL CALDO DE ALGAS

- 500 ml de agua
- 10 g de kombu
- 2 cdas. de copos de wakame
- 1 cdta. de sal

PARA LA MEZCLA HÚMEDA

- 200 g de tofu firme
- 250 ml de caldo de algas
- 1 cdta. de sal
- 1 cda. de azúcar
- 2 cdas. de aceite vegetal
- 1 cda. de miso blanco
- 1 cda. de vinagre de arroz
- 200 g de gluten de trigo vital
- 40 g de harina

PARA EL ADEREZO

- 4 cdas. de mayonesa vegana
- 1 tallo de apio cortado en dados
- ¼ de una cebolla morada picada
- 1 cda. de cebollino
- 2 cdtas. de zumo de limón
- ½ cdta. de pimentón
- ¼ cdta. de mostaza en polvo
- una pizca de cayena
- sal y pimienta negra al gusto

En una olla, remojamos las hojas de kombu en el agua durante 30 minutos. Cuanto más tiempo en remojo, más sabor tendrán. Luego, le agregamos los copos de wakame y la sal. Por último llevamos el agua a ebullición. Reducimos a fuego bajo durante 5 minutos o hasta que quede un tercio de caldo. Lo retiramos del fuego y lo dejamos enfriar antes de colarlo.

Mientras, mezclamos el gluten de trigo y la harina en un bol, y lo reservamos. En una trituradora, vertemos el tofu, los 250 ml del caldo, la sal, el azúcar, el aceite, la pasta de miso y el vinagre. Incorporamos la mezcla seca a la húmeda y removemos bien. La mezcla debería sentirse un poco húmeda, pero no demasiado pegajosa. Amasamos con las manos hasta que empiecen a formarse los hilos de gluten.

Dejamos reposar la masa sobre la mesa 1 hora o hasta que podamos trabajarla sin dificultad. La estiramos hasta formar una cuerda larga y la torcemos lo más fuerte que podamos. Luego, la atamos en nudos y la envolvemos en papel de aluminio, asegurando que los extremos estén bien cerrados. La cocinamos al vapor durante 1 hora y media. La dejamos enfriar. Cuando podamos manipularla, la desmenuzamos con las manos.

Para preparar los rolls, tostamos unos panecillos de perrito caliente y los cortamos desde arriba, en vez de por los lados. Podemos untar un poco de mantequilla vegetal por la corteza superior y pasarla rápidamente por la sartén para darle el brillo típico de este sándwich. Mezclamos todos los ingredientes para el aderezo en un bol, añadimos el cangrejo y lo servimos dentro del pan.

Entiendo que preparar una receta como el seitán desde cero, en dos partes, puede parecer muy agobiante y probablemente pases de ella, pero te juro que no es tan complicado y merece la pena cien por cien. ¡Mira la pinta que tiene!

INGREDIENTES

BOLA UNO (LA CARNE ROJA)

- 1 kg de harina de trigo
- 750 ml de agua

BOLA DOS (LA GRASA)

- 300 g de harina de trigo
- 250 ml de agua

PASTA PARA SAZONAR «LA CARNE»

- ½ cebolla blanca rallada
- 5 dientes de ajo picados
- 50 ml de vino tinto
- 2 cdas. de miso rojo
- 2 cdtas. de azúcar moreno
- 2 hojas de laurel
- 2 cdas. de sazonador de pollo
- ½ cdta. de sal, ajo y cebolla en polvo

PROSCIUTTO

Vamos a empezar como siempre con el seitán desde cero (seguimos los pasos según la receta de la página 45), pero haciendo dos bolas de gluten separadas con las cantidades indicadas en la lista de ingredientes. Una parte va a funcionar como la carne; la otra, como la grasa de nuestro prosciutto.

Mientras dejamos reposar nuestras bolitas de gluten en el colador después del lavado, ponemos todos los ingredientes de la pasta de condimentos en una ollita, mezclamos bien y llevamos a ebullición. Luego, bajamos el fuego y dejamos que se cocine a fuego lento, removiendo con más frecuencia a medida que se evapora la humedad para que no se queme. Queremos que tenga la consistencia de una pasta espesa cuando esté lista.

Ponemos la bolita de masa «grasosa» en un procesador (o lo hacemos a mano) con la sal, el ajo y la cebolla en polvo. Trituramos hasta que todo esté bien incorporado. Dejamos reposar y pasamos a la bolita de masa «carnosa».

Quitamos las hojas de laurel de la pasta de condimentos ya fría. La añadimos al procesador de alimentos (o mezclamos los condimentos a mano) junto con la bolita de masa roja y el sazonador. Procesamos y dejamos reposar.

Vamos a hacer las capas de rojo y blanco mientras el gluten aún está suave y no es elástico. Usamos un poco más de rojo que de blanco para cada capa, extendiéndolas al máximo hasta que se acaben ambas. Dejamos reposar la masa durante aproximadamente 1 hora.

Cuando la masa esté lo suficientemente fuerte como para estirarla y ya tengamos las capas, la preparamos para cocinar al vapor. Envolvemos la masa bien apretada como una salchicha con papel de aluminio. Cocinamos al vapor durante aproximadamente 1 hora. Debería sentirse firme cuando esté lista. La dejamos enfriar y después la guardamos en la nevera (aún envuelta) durante la noche.

Al día siguiente, cortamos nuestro prosciutto lo más fino posible.

¡NO TIRES EL AGUA DE TU SEITÁN!

¿Recuerdas que cuando preparábamos el seitán con harina de trigo, escribí en la receta «no tires el agua del primer lavado!»? Pues ahora voy a explicaros por qué. Básicamente, este líquido opaco, blanco como la leche, pero sin olor, es bastante interesante. Podemos usar este subproducto para hacer más cosas. A nivel nutricional, no te voy a mentir, no aporta mucho, pero como una manera de no malgastar toda el agua que usamos para hacer el seitán, ¡es una maravilla!

Tenemos que guardar el líquido del lavado en un recipiente en la nevera, y lo dejamos reposar durante 24 horas. Después de este tiempo, vamos a ver que el almidón y el agua se han separado. En estas recetas, tenemos que quitar el exceso de agua por encima del almidón, dejando entre 0,5 y 1 cm de agua, y mezclar muy bien hasta que obtengamos una consistencia muy lisa, como una masa para hacer creps.

Cada lavado de seitán es distinto y produce una cantidad de agua de almidón diferente. Por eso, en los ingredientes de las recetas, he puesto una división de la cantidad del agua de almidón que tienes en vez de una medida exacta.

20 OZ
16 OZ
12 OZ
1 PINT
3/4 PINT

INGREDIENTES

PARTE ROJA

- ⅔ del agua de almidón
- 2 cdas. de salsa de soja
- 1 cda. de azúcar
- 2 cdas. de pimentón
- 2 cdas. de sazonador estilo beicon
- 1 cdta. de tomate concentrado
- 2 cdas. del líquido de la remolacha

PARTE BLANCA

- ⅓ del agua de almidón
- 1 cda. de aceite de coco
- 1 cda. de ajo en polvo
- 1 cda. de cebolla en polvo
- sal al gusto

PANCETA

Parece brujería que podamos conseguir una panceta tan real usando el agua de almidón como ingrediente principal, ¿verdad? Yo me quedé en shock la primera vez que la probé. Y, si soy sincero, ¡sigo flipando cada vez que la hago!

Vamos a separar el líquido en dos bols, y mezclamos bien los ingredientes de cada parte.

Para hacer el *pork belly*, vamos a añadir capas de las mezclas, una por una, en un recipiente apto para el microondas, y lo vamos a cocinar durante 4 minutos antes de añadir otra capa.

Repetimos este proceso hasta que terminemos las dos mezclas.

Vamos a dejarlo enfriar un poco y, con cuidado, quitamos el bloque de *pork belly* del recipiente. Lo marcamos un poco con un cuchillo y después lo pintamos con aceite de coco por encima y por abajo, antes de meterlo en la nevera.

Cuando la panceta esté dura, vamos a cortarla en trozos y pasarlos por la sartén, empezando por la parte de arriba para que el aceite de coco (ya solidificado) empiece a cocinar la propia panceta.

La marcamos por todos los lados, añadimos un poco de caldo vegetal (o agua con salsa de soja) a la sartén y la cocinamos a fuego lento durante un par de minutos más, y ¡listo!

CHICHARRONES

Nos te puedo negar que la primera vez que hice esta receta, tenía muy poca fe en que fuera a salir. Pero más de 4 millones de visualizaciones después, se convirtió en uno de mis primeros hits virales. ¡Todavía estoy en shock al pensar cómo podemos convertir esta agua de almidón en algo tan rico!

LOS INGREDIENTES SON LOS MISMOS QUE LOS DE LA PANCETA

PARTE ROJA

- ⅔ del agua de almidón
- 2 cdas. de salsa de soja
- 1 cda. de azúcar
- 2 cdas. de pimentón
- 2 cdas. de sazonador estilo beicon
- 1 cdta. de tomate concentrado
- 2 cdas. del líquido de la remolacha

PARTE BLANCA

- ⅓ del agua de almidón
- 1 cda. de aceite
- 1 cda. de ajo en polvo
- 1 cda. de cebolla en polvo
- sal gruesa al gusto

Vamos a seguir la receta de la panceta hasta llegar al momento de cortar y cocinarla, porque aquí es donde vamos a convertirla en chicharrones crujientes.

Lo que tenemos que hacer es cortar nuestra panceta en cuadrados, sin cortar hasta el final del bloque. Queremos que la última capa quede intacta.

Metemos nuestra panceta en aceite (usando una sartén, por ejemplo) por ambos lados y después la cubrimos con sal gruesa.

En una air fryer, a 200 °C, vamos a cocinarla, boca abajo. Después de 20 minutos, le damos la vuelta y la dejamos cocinar (220 °C en un horno tradicional durante 45 minutos).

La cortamos en daditos usando la sección transversal que hicimos antes de cocinarlos, ¡y podemos servirlos como un snack o dentro de unos tacos con salsa picante y aguacate!

JAMÓN SERRANO

INGREDIENTES PARA HACER UN PLATITO DE JAMÓN PARA COMPARTIR

- agua de almidón

PARTE ROJA

- 60% del agua (aprox.)
- 2 cdas. de salsa de soja
- 2 cdas. de líquido de remolacha
- 1 cda. de sirope de agave o de arce
- 1 cda. de pimentón
- ½ cdta. de sal
- ½ cdta. de levadura nutricional
- ½ cdta. de ajo
- ½ cdta. de cebolla en polvo
- ½ cdta. de Marmite (opcional, pero recomendado)

PARTE BLANCA

- 40% del agua
- 1 cdta. de ajo
- 1 cdta. de cebolla en polvo
- sal al gusto

Llevo ya más de diez años en España y creo que escucho esta frase por lo menos una vez a la semana: «Yo no podría vivir sin el jamón». Lo entiendo hasta cierto punto. La comida es un pilar fundamental de nuestra sociedad, algo que compartimos con familia y amigos, y forma parte de nuestra identidad. Y por eso sigo haciendo versiones veganas de los platos que más nos gustan.

Cuando lavamos la masa para hacer el seitán, guardamos el agua opaca del proceso y la dejamos en la nevera hasta que el almidón y el agua se separen. Quitamos la mayoría del agua y mezclamos el resto con el almidón para formar una mezcla similar a la masa para hacer creps.

Separamos la mezcla en dos boles, introducimos el resto de los ingredientes de cada parte y mezclamos hasta que se hayan incorporado.

En una sartén o grill con un poco de aceite, ponemos capas finas de la parte roja y después de la blanca para formar las tortitas de nuestro jamón. Dejamos cocinar durante 5 minutos.

Quitamos de la sartén, lo cortamos ¡y lo servimos de la manera que nos guste más, con unos picos y un poco de queso vegano, por ejemplo!

BEICON

INGREDIENTES PARA 8 RACIONES

- agua de almidón

PARTE ROJA

- 2 cdas. de caldo estilo pollo (receta en la página 233)
- 1 cda. de humo líquido
- 1 cda. del líquido de la remolacha
- 1 cda. de sirope de arce o de agave
- 1 cdta. de agar-agar
- ½ cda. de vino tinto
- ½ cda. de aceite de sésamo
- ½ cdta. de sal

PARTE BLANCA

- ½ cda. de caldo estilo pollo
- 1 cdta. de agar-agar
- ½ cda. de humo líquido
- ½ cdta. de AOVE
- ½ cdta. de sal

Si en España me paso los días escuchando a la gente decir que les sería imposible vivir sin el jamón, cuando vivía en el Reino Unido ocurría lo mismo, pero con el beicon. Hay muchas maneras de elaborar beicon vegano (vamos a ver un par de ellas en este libro), pero esta versión con el almidón es, sin duda, una de mis favoritas. El método es prácticamente igual que el que seguimos para el jamón.

Como en la receta del jamón, vamos a mezclar todos los ingredientes de las dos partes en boles separados hasta que no haya ningún grumo.

Mezclamos las dos partes juntas y en una sartén antiadherente las vamos echando a modo de crep. Las aplanamos para llegar al grosor que desees. Solo vamos a necesitar cocinarlas un par de minutos por cada lado.

Dejamos enfriar un poco las creps y luego las cortamos en tiras como si fueran beicon.

Ahora, en la misma sartén con un poco de aceite, ¡vamos a cocinar el beicon hasta que tenga el nivel de crujiente que te guste a ti!

TO

FU

UN POCO DE TEORÍA

El tofu. Probablemente has visto o incluso probado esta fuente de proteína vegetal. Por desgracia, no goza de buena reputación. Muchas personas argumentan que no tiene sabor, que es como una goma de borrar y, bueno, es insípido. Y aunque a mí no me importa comer el tofu así, sin nada, es cierto que estamos hablando de un alimento que brilla mucho con tan solo un poco de amor.

El tofu no es nada nuevo. De hecho, tiene una historia que se remonta a más de dos mil años, pues se originó en China alrededor del 200 a. C., durante la dinastía Han. Existe una leyenda que dice que un príncipe chino descubrió el tofu por accidente, al intentar alargar la vida de su gente. Desde China, el tofu fue extendiéndose por Asia, especialmente Japón y Corea, y con el tiempo se ha convertido en un alimento básico en muchas cocinas del mundo, tanto en platos asiáticos tradicionales como en recetas modernas y de fusión. Aunque principalmente en este libro vamos a usarlo para preparar platos más cárnicos, por su sabor neutro y su habilidad para coger aliños y especias de todo tipo, puedes usarlo en ensaladas y salsas como ingrediente principal e incluso en postres.

No todo el tofu es igual. Cuando hablamos de tofu, podemos estar hablando de bastantes variaciones del alimento. En este libro, vamos a usar dos: el tofu firme y el tofu sedoso, dos versiones del mismo alimento, pero con características que los hacen únicos en la cocina. ¡Vamos a analizarlos un poquito!

Tofu firme

- Textura: como su nombre indica, este tofu tiene una textura más compacta y resistente. Es firme al tacto, casi como un bloque de queso, y no se desmorona tan fácilmente.
- Usos en la cocina: este tipo de tofu es ideal para recetas que requieren que se mantenga su forma. Piensa en salteados, parrilladas, brochetas o, como a mí me gusta, como sustituto de la carne en tacos o hamburguesas. Puedes freírlo, asarlo, marinarlo, y va a absorber los sabores de lo que le pongas.
- Versatilidad: se presta para ser manipulado más libremente. Puedes cortarlo en cubos, rodajas o incluso desmenuzarlo. Si lo presionas (con una prensa de tofu o poniendo algo pesado encima), puedes sacarle más agua y hacerlo aún más firme, lo que le dará una textura más masticable.

Tofu sedoso

- Textura: este tofu es suave y sedoso, casi como un pudín. Es muy delicado y se desmorona fácilmente al tocarlo. Imagina algo entre un flan y una natilla.
- Usos en la cocina: debido a su textura suave, el tofu sedoso es perfecto para hacer cosas como batidos, salsas, postres (como mousse de chocolate) y sopas. También se usa en recetas que requieren una consistencia cremosa, como en aderezos, o como sustituto del yogur o la crema.
- Versatilidad: no es tan fácil de manipular como el tofu firme, pero es un ingrediente clave cuando buscas una textura suave y cremosa. Puedes triturarlo, mezclarlo o usarlo tal cual en preparaciones que no necesiten mantener una forma específica.

En resumen, el tofu firme es tu opción si quieres un tofu que aguante bien en platos más sustanciosos y que se cocine como si fuera carne o un vegetal. Por otro lado, el tofu sedoso es tu mejor amigo cuando buscas una textura suave y cremosa, ideal para platos que requieran algo más delicado. Ambos son geniales, solo depende de lo que tengas en mente preparar. ¡La clave está en elegir el que toque para cada receta!

Para ver las diferencias entre los dos tipos de tofu, vamos a hacer dos recetas muy básicas que capturan su esencia y características.

TOFU CRUJIENTE

INGREDIENTES PARA 4 RACIONES

- 1 bloque de tofu firme (aproximadamente 400 g)
- 60 g de harina de trigo (puede ser también harina de maíz o de arroz si la prefieres sin gluten)
- ½ cdta. de ajo en polvo
- ½ cdta. de cebolla en polvo
- ¼ cdta. de pimienta negra y sal
- 120 ml de taza de leche vegetal
- 1 cda. de salsa de soja
- 60 g de panko
- aceite vegetal

Deberíamos saber preparar estas recetas todos los que cocinemos con tofu. Siempre que pienso en el tofu, pienso en esta receta. ¿Por qué? Pues por su versatilidad más que nada. Y es que estos dados de tofu fritos son perfectos para usar en cualquier plato.

Empezamos preparando el tofu, escurriéndolo bien y envolviéndolo en un paño limpio o toallas de papel para eliminar el exceso de agua. Si tenemos tiempo, podemos poner algo pesado encima (como un libro o una sartén) para presionarlo durante unos 15-20 minutos. Esto hará que el tofu quede más firme y crujiente. Una vez que el tofu esté bien prensado, lo cortamos en cubos.

Ahora, preparamos los ingredientes para empanar. En un bol, mezclamos la harina con el ajo en polvo, la cebolla en polvo, la sal y la pimienta. En otro bol, mezclamos la leche vegetal con la salsa de soja, y en un tercer bol colocamos el panko.

Pasamos cada pieza de tofu primero por la mezcla de harina, asegurándonos de que quede bien cubierta. Luego, sumergimos el tofu en la leche vegetal y finalmente lo cubrimos bien con el panko, presionando ligeramente para que se adhiera.

Calentamos una sartén con suficiente aceite vegetal a fuego medio-alto. Colocamos los trozos de tofu empanados en la sartén, dejando espacio entre ellos. Los freímos durante unos 2-3 minutos por cada lado o hasta que estén dorados y crujientes.

Una vez listos, los colocamos sobre papel absorbente para eliminar el exceso de aceite y los servimos acompañados de la salsa que prefieras, con noodles, arroz ¡o simplemente como un snack!

5 MINUTOS DE TOFU SEDOSO

INGREDIENTES PARA 2 RACIONES

- 1 paquete de tofu sedoso

PARA LA SALSA

- 2 cdas. de salsa de soja
- 1 cdta. de azúcar o de miel vegana
- 1 cdta. de aceite de sésamo
- ½ cdta. de semillas de sésamo tostadas
- ½ cdta. de copos de chile
- 2 dientes de ajo picados
- 1 cebolleta picada
- ½ chile picado

Aunque muchas veces el tofu sedoso se usa más en salsas por su cremosidad, los coreanos, por ejemplo, preparan este entrante salado en solo 5 minutos y con pocos ingredientes.

Preparamos el tofu eliminando el exceso de líquido con una toalla de papel o inclinamos con cuidado el paquete abierto sobre el fregadero.

Ponemos un plato encima del tofu y lo trasladamos con cuidado al plato.

Mezclamos todos los ingredientes de la salsa en un bol y la vertemos sobre el tofu y ¡listo!

Tradicionalmente este plato se sirve frío, pero, si no te gusta, puedes ponerlo en el microondas durante 30 segundos para templarlo un poquito.

GUÍA GENERAL PARA PREPARAR EL TOFU

Si has visto recetas de tofu en un libro de recetas como este o bien online, seguramente mencionan el paso de «prensar» el tofu. Pero ¿por qué lo hacemos? Para sacarle el exceso de agua y mejorar su textura. Así queda más firme y puede absorber mejor los sabores de las marinadas o salsas. Además, al prensarlo, se cocina mejor, se dora más rápido y no se deshace tanto. Esto es superútil en recetas como los salteados o las frituras, donde necesitas que el tofu mantenga su forma.

Y, hablando de marinar el tofu, ¿por qué no te enseño algunas marinadas que pueden elevar tu nivel de preparación del tofu al máximo?

Para todas de estas marinadas, vamos a empezar con un tofu duro y usar el mismo proceso, pero cambiando los ingredientes.

Lo que tenemos que hacer:

- Escurrimos el tofu durante al menos 15 minutos, luego lo envolvemos en un paño o papel de cocina y lo colocamos sobre una superficie dura y plana, como una tabla de cortar. Colocamos otra tabla de cortar encima del tofu y ponemos encima algo pesado, como una sartén o este libro de cocina, para prensar el bloque de tofu.
- Dejamos reposar durante 15 minutos.
- Una vez prensado, cortamos el bloque en cubos o en tiras, dependiendo de la receta.
- Mezclamos los ingredientes de la marinada (los tenéis en la página 83) en un recipiente hermético y añadimos los trozos de tofu, asegurándonos de que estén completamente cubiertos por el líquido. Lo dejamos en la nevera y volvemos al tofu marinando al menos una vez para agitar el recipiente.
- No hay una regla de cuánto tiempo tenemos que marinar el tofu, pero como toda la comida, cuanto más tiempo, mejor sabor tendrá. Si solo dispones de una hora, pues vale, es mejor que nada, pero si puedes dejarlo durante la noche, ¡fiesta!

También podemos sacar incluso más partido de nuestro tofu (¡si tenemos tiempo y paciencia, claro!), congelándolo y descongelándolo. Con este proceso, el agua que naturalmente está dentro del tofu se congela y descongela y después resulta más fácil de prensar. Así, podemos quitar más agua y obtener un tofu más fibroso y «cárnico».

Ya que hemos hablado del proceso, ¿por qué no pruebas unas marinadas para el tofu?

ESTILO POLLO

- 1 cda. de vino tinto
- 1 cda. de AOVE
- 1 cda. de mostaza antigua
- 1 cdta. de levadura nutricional
- 1 cdta. de cayena

ESTILO CERDO

- 1 cda. de vino blanco
- 1 cda. de salsa de soja
- 1 cda. de vinagre de manzana
- 1 cda. de zumo de lima
- 1 cda. de sirope de arce o de agave
- 1 cdta. de ajo en polvo

ESTILO PESCADO

- 1 cda. de leche vegetal
- 1 cda. de zumo de limón
- 1 cdta. de alga nori
- 1 cdta. de ajo en polvo
- 1 cdta. de pimienta negra

ESTILO BEICON

- 1 cda. de salsa de soja
- 1 cda. de sirope de arce o de agave
- 1 cda. de humo líquido (o 1 cdta. de pimentón dulce)
- 1 cda. de aceite vegetal
- 1 cdta. de cebolla en polvo
- 1 cdta. de levadura nutricional

ESTILO CHULETÓN

- 1 cda. de caldo vegetal
- 1 cda. de zumo de limón
- 1 cdta. de azúcar
- 1 cdta. de albahaca
- 1 cdta. de perejil
- 1 cdta. de ajo en polvo
- 1 cdta. de cebolla en polvo
- 1 cdta. de pimienta

ESTILO SALCHICHA

- 1 cda. de aceite vegetal
- 1 cdta. de levadura nutricional
- 1 cdta. de sal de apio
- 1 cdta. de cebolla en polvo
- 1 cdta. de cilantro en polvo
- 1 cdta. de pimienta

Por suerte, ya podemos encontrar muchos tipos y marcas de tofu en la gran mayoría de los supermercados. Los herbolarios y las tiendas asiáticas tienen una oferta incluso más amplia, pero a veces tenemos ganas de hacerlo desde cero, ¡así que aquí te dejo una manera de elaborarlo en casa!

INGREDIENTES PARA 2 RACIONES

- 500 g de habas de soja
- el zumo de 1 limón
- 60 ml de agua para mezclar con el zumo de limón
- 1.500 ml de agua para licuar
- 1.500 ml de agua para añadir a las habas de soja

¡HAZ TU PROPIO TOFU!

Dejamos remojar las habas de soja durante la noche o, al menos, 12 horas como mínimo. Luego, escurrimos y desechamos el agua, y las enjuagamos bien.

En una trituradora combinamos las habas de soja remojadas junto con 1.500 ml de agua y trituramos hasta que la mezcla esté suave y cremosa.

Usamos un paño de muselina o tela de queso para recoger la pulpa de soja y exprimimos la mayor cantidad de leche posible.

En una olla echamos la leche de soja y la llevamos a ebullición. Retiramos del fuego y la colamos a través de una tela de queso para obtener una textura muy suave.

Vertemos la leche de soja colada en una olla grande junto con 1.500 ml de agua. Cocinamos a fuego lento durante unos 15 minutos, vamos removiendo con frecuencia. La leche se espumará fácilmente, así que la vigilamos y no dejamos que hierva. Cuando la espuma suba bajamos el fuego. Retiramos la espuma con una cuchara. Cocinamos a fuego lento otros 10 minutos y luego apagamos el fuego.

Exprimimos el limón y mezclamos el zumo con 60 ml de agua. Vertemos lentamente la mezcla en la leche caliente y mezclamos suavemente. No removemos demasiado. Dejamos reposar durante 15 minutos para que el cuajo se separe del líquido.

Mientras tanto, preparamos un recipiente para el tofu, encima del cual pondremos un colador. El recipiente puede ser un bol o una olla, y encima habrá que poner el colador forrado con tela de queso. Una vez preparado el molde, vertemos lentamente los cuajos dentro. Cubrimos con el resto de la tela y colocamos algo pesado encima para obtener un tofu más firme. Dejamos reposar durante 1 hora para que se asiente.

Sacamos el tofu del molde y lo sumergimos en agua durante otros 30 minutos para conseguir una textura más firme (no lo desenvolvemos aún).

Retiramos lentamente la tela de queso y ¡el tofu ya estará listo para usar de la manera que nos guste más!

ALBÓNDIGAS SUECAS DE TOFU

Suecia, la tierra que nos ha dado ABBA, Zlatan, Ikea y, por supuesto, sus albóndigas. Hay muchas maneras de hacer albóndigas veganas, pero esta versión con tofu es una de mis favoritas, sobre todo si la acompañamos con una salsa cremosa, un puré de patatas y un poco de mermelada.

INGREDIENTES PARA 4 RACIONES

PARA LAS ALBÓNDIGAS

- 1 bloque de tofu firme
- 1 cdta. de nuez moscada
- 1 cdta. de pimienta negra
- ½ cdta. de sal
- ½ cebolla
- 3 dientes de ajo
- 2 cdas. de panko

PARA LA SALSA

- 3 cdas. de mantequilla vegetal
- 3 cdas. de harina de trigo
- 60 ml de leche de coco
- 1 cdta. de limón
- 1 cdta. de vinagre para hacer crema agria
- 250 ml de caldo vegetal
- 1 cdta. de salsa de soja
- 1 cdta. de mermelada de frambuesa
- 2 cdtas. de aceite

Rallamos la cebolla y picamos el ajo, y los sofreímos en una sartén hasta que doren.

En un bol, desmenuzamos el bloque de tofu y añadimos las especias, la cebolla, el ajo y el panko. Mezclamos bien y formamos bolas.

Las pintamos con un pelín de aceite y las metemos en el horno precalentado a 200 °C durante 20 minutos, 10 minutos por cada lado.

Mientras, preparamos la salsa. Hacemos una roux con la mantequilla y la harina. Añadimos el caldo y la crema agria (es decir, la mezcla de leche de coco, limón y vinagre), y la mezclamos para que quede bien incorporada. Por último, agregamos la mermelada.

Servimos las albóndigas con puré de patatas, guisantes, un poco de mermelada ¡y toda la salsa que queramos!

PINCHOS MORUNOS

Cuando llega la temporada de las barbacoas, pocas cosas apetecen más que unos pinchos morunos para compartir con tus amigos. Aunque puedes hacerlos con soja texturizada, a mí me gusta prepararlos con tofu descongelado para que cojan todo el sabor posible.

INGREDIENTES PARA 8 PINCHOS

- 400 g de tofu firme
- 120 ml de AOVE
- 2 cdas. de zumo de limón
- ½ cebolla blanca picada
- 2 cdas. de pimentón dulce
- 1 cda. de ajo en polvo
- 1 cda. de cayena
- 1 cda. de comino
- 1 cda. de tomate concentrado
- 1 cdta. de pimienta negra
- 1 cdta. de sal
- una pizca de canela
- un manojo de cilantro picado

Este es un paso opcional, pero podemos empezar congelando y después descongelando nuestro tofu. Lo presionamos con cuidado cuando está descongelado para quitarle toda el agua posible, de este modo cogerá más sabor cuando lo marinemos. Podemos incluso repetir el proceso de congelación y descongelación una vez más para sacar mayor partido al tofu.

Ahora, troceamos el tofu de la manera que más nos guste —en dados uniformes o en trozos irregulares—. Intentamos que sea de igual tamaño.

Añadimos el resto de los ingredientes a una trituradora y trituramos todo.

Metemos los trozos de tofu en un bol, en un táper o incluso en una bolsa con cierre hermético, añadimos la marinada y agitamos nuestro recipiente para que todo el tofu quede bien cubierto.

Dejamos el tofu marinar durante el mayor tiempo posible para que coja más sabor. Durante la noche sería ideal, pero si vamos mal de tiempo, ¡1 hora es mejor que nada!

Mojamos unos palitos de brocheta en agua para que no se quemen durante la cocción y montamos nuestros pinchos con el tofu.

Por último, pasamos los pinchos por la plancha con un poco de aceite o en una sartén hasta que están doraditos.

INGREDIENTES PARA 12 LONCHAS

- 400 g de tofu firme
- 1 cda. de pimentón picante
- 1 cda. de ajo en polvo
- 1 cda. de cebolla en polvo
- 1 cda. de levadura nutricional
- 1 cda. de salsa de soja
- ½ cdta. de sal

DELI STYLE LONCHAS

Si estás buscando algo rico para poner en tus bocadillos o en los que vuestros peques llevan al cole, estas lonchas son superversátiles, con muchas proteínas ¡y muy fáciles de preparar! Aquí te pongo una mezcla de especias muy básicas para las lonchas, pero podemos ser tan creativos como queramos. Toma esta receta como una guía básica para después ir modificándola según vuestros gustos.

Para esta receta, vamos a prensar todo el líquido posible del tofu, porque funciona mejor si no tiene agua.

Metemos el tofu en una procesadora de comida con las especias y la salsa de soja, y trituramos hasta que consigamos una mezcla uniforme, pero sin pasarnos; tampoco queremos una sopa. Si vemos que no está bien triturado por falta de líquido, no os preocupéis, seguimos con la procesadora, raspando los lados con una espátula.

Cuando tengamos una mezcla uniforme, vamos a untarla encima de un papel vegetal. Extendemos una capa bastante fina. Ponemos otro papel vegetal por encima de la mezcla y pasamos un rodillo por encima. Esto nos va a ayudar a que quede más uniforme y que la parte de arriba no se queme cuando la horneemos.

Introducimos en el horno precalentado a 200 °C durante 10 minutos. No dejamos de vigilarla, porque si la capa es muy fina se puede quemar.

La dejamos enfriar, cortamos nuestras lonchas de la forma que más nos guste ¡y a disfrutar de nuestros bocadillos!

TOFU POKE BOWL

INGREDIENTES PARA 2 POKES

PARA EL TOFU

- 400 g de tofu firme o sedoso
- 60 ml de salsa de soja
- 4 o 5 dientes de ajo picados (ajustamos la cantidad según nuestros gustos)
- ½ cda. de maicena (opcional)
- 1 cda. de aceite

PARA NUESTRA BASE

- 200 g de arroz, de quinoa o de lechuga

FRUTAS Y VERDURAS PARA AÑADIR

- aguacate
- pepino
- col
- cebolla roja
- piña
- mango
- zanahoria
- edamame
- cebolleta

TOPPINGS

- sésamo
- cebolla crujiente
- wakame
- cebollino
- 1 chorrito de sriracha

Una de las maneras más comunes de saborear hoy el tofu es como la proteína de un poke. Este plato de origen hawaiano ha disparado su popularidad a nivel mundial en los últimos años, y casi siempre encontramos el tofu como una de las opciones para nuestros pokes.

Lo bueno de los pokes es que podemos prepararlos a nuestra manera porque no hay muchas reglas. El que propongo aquí es más bien una ensalada. Tenemos que elegir si queremos un tofu firme, pasado por la sartén para dar un toque más crujiente, o un tofu sedoso para aportar cremosidad al plato.

Una vez escogido el tofu, cortamos nuestro bloque en dados. Recomiendo dados más grandes si estamos usando el tofu firme y más pequeños si optamos por el sedoso, pero, repito, ¡no hay reglas!

Mezclamos la salsa de soja con los dientes de ajo en un bol (también podemos usar más especias según nuestros gustos, pero como marinada muy básica propongo esta) y después añadimos la mezcla a un táper, bol o recipiente con el tofu. Cubrimos y lo dejamos marinar durante, por lo menos, media hora.

Si usamos el tofu firme, después de marinar, podemos mezclar opcionalmente media cucharada de maicena con el tofu y pasarlo por la sartén con un poco de aceite para que se dore.

Para terminar, montamos nuestros pokes. Empezamos con nuestra base de arroz, quinoa o lechuga, y añadimos después frutas o verduras con el tofu. Terminamos el poke con algunos toppings como semillas de sésamo y cebolla crujiente. ¡Agrégale un chorrito de sriracha si te gusta un toque picante!

La verdad es que no sabía que más allá de Londres se comieran las anguilas. Allí preparan un plato muy famoso cocinado en una salsa. Pero resulta que, en el mundo oriental, es un alimento muy popular también. Como una alternativa al pescado, esta receta con tofu y patatas es muy interesante.

ANGUILA DE TOFU (UNAGI)

INGREDIENTES PARA 4 ANGUILAS

- 400 g de tofu firme
- 400 g de patata cruda cortada en cubitos
- 2 hojas de nori
- 1 cda. de maicena
- 2 cdas. de salsa teriyaki
- sal y pimienta al gusto

Colocamos un bloque de tofu en una tabla de cortar. Con una espátula de repostería o el dorso de un cuchillo, presionamos con firmeza sobre un cuarto del tofu. Usando un movimiento de arrastre, tiramos de esa porción hacia nosotros mientras seguimos presionando para exprimir el agua. Repetimos este proceso 3 o 4 veces por todo el bloque de tofu. Luego, pasamos el tofu a un bol grande.

Añadimos los cubos de patata cruda en una trituradora potente y trituramos hasta convertirlos en una pasta fina. Metemos la pasta en una bolsa para leches vegetales y exprimimos todo el líquido posible, antes de que añadamos la mezcla al bol de tofu.

Sazonamos con sal y pimienta la mezcla entera. Agregamos una cucharada de maicena y mezclamos bien hasta que todo, patata y tofu, esté integrado. Dividimos la mezcla en 4 porciones iguales.

Mezclamos una cucharada de maicena con una cucharada de agua para elaborar una pasta que funcione como pegamento para el nori.

Colocamos una hoja de nori en una tabla de cortar, con el lado brillante hacia abajo, y pincelamos la superficie con una capa fina de la pasta de maicena. Luego, colocamos una porción de la mezcla de tofu sobre la nori. Con los dedos, extendemos la mezcla hasta cubrir la hoja, dejando un borde de 1 cm. Repetimos el proceso con las demás hojas de nori.

Pintamos las piezas con un poco de salsa teriyaki y después las pasamos por la sartén, a fuego medio-bajo, con el lado del tofu hacia abajo, durante 3-4 minutos o hasta que estén doradas.

Volteamos las piezas y cocinamos el lado de la nori durante unos 30 segundos. Retiramos del fuego y dejamos enfriar completamente antes de cortarlas. Las servimos calientes con arroz o fideos. ¡Y listo!

INGREDIENTES

PARA EL TOFU

- 1 bloque de tofu firme
- 3 cdas. de harina de trigo
- 2 cdas. de maicena
- 1 cdta. de ajo en polvo
- sal
- 60 ml de agua

PARA LA SALSA DE NARANJA

- 250 ml de zumo de naranja
- 70 g de azúcar
- 2 cdas. de vinagre de arroz
- 2 cdas. de salsa de soja
- 2 cdas. de sriracha
- 2 cdtas. de jengibre en polvo
- 2 cdtas. de ajo en polvo
- 2 cdas. de maicena

ORANGE TOFU

Orange tofu, o tofu a la naranja, es una versión vegana de uno de los platos takeaway *más populares en Estados Unidos: Orange Chicken de Panda Express. ¡Un plato inspirado en la gastronomía china, pero cocinado según los gustos de los estadounidenses! Pero claro, ¡ahora con tofu!*

Empezamos haciendo un rebozado con la harina de trigo, la maicena, el ajo, la sal y el agua.

Rompemos el tofu con nuestros manos, cogiendo trozos de formas irregulares que mezclamos en el rebozado. Después los pasamos a una sartén con aceite caliente. Freímos hasta obtener un tofu dorado y crujiente.

Colocamos el tofu en un plato con papel de cocina para que absorba el aceite en exceso.

Para preparar la salsa, añadimos todos los ingredientes en un bol y los mezclamos muy bien. Cocinamos la salsa en una sartén a fuego medio durante 5 minutos o hasta que empieza a espesar.

Por último, mezclamos el tofu con la salsa y servimos todo con arroz, noodles ¡o lo que queráis!

BUTTER TOFU (TOFU CON MANTEQUILLA)

Seguimos con el rollo de comida para llevar, pero cambiando la fusión chino-americana por algo un poco más auténtico, originario de la India.

INGREDIENTES

- 400 g de tofu firme
- 2 cdas. de maicena
- 2 cdas. de agua
- 1 cdta. de ajo en polvo
- 1 cdta. de levadura nutricional
- ½ cdta. de jengibre en polvo
- ½ cdta. de pimentón dulce
- ½ cdta. de sal
- ½ cdta. de cúrcuma
- 2 cdtas. de zumo de limón
- 1 cdta. de AOVE

PARA LA SALSA

- 120 ml de leche vegetal
- 80 g de anacardos
- 1 cda. de sirope de arce o de agave
- 2 cdtas. de pimentón picante
- 1 cdta. de jengibre en polvo
- 1 cdta. de comino
- 1 cdta. de cúrcuma
- 1 cdta. de canela
- 1 cebolla blanca
- 3 dientes de ajo
- 1 lata de tomate triturado

Empezamos dejando los anacardos en remojo con agua hervida durante 10 minutos, hasta que estén blandos.

Cortamos nuestro tofu en cubos y mezclamos con todo el resto de los ingredientes. Vamos a hornearlo a 200 °C durante 20 minutos o hasta que el tofu esté dorado.

Quitamos el agua de los anacardos y los vertemos junto con la leche vegetal a una batidora. Trituramos hasta obtener una crema.

Sofreímos la cebolla y el ajo durante un par de minutos; añadimos las especias a la sartén y mezclamos todo muy bien.

Vertemos ahora a la sartén el tomate triturado y la crema de anacardos, y removemos todo hasta que tengamos un color anaranjado y uniforme.

Ahora añadimos el tofu y lo dejamos cocinar durante 10 minutos a fuego lento.

Servimos con arroz y un poco de cilantro por encima.

INGREDIENTES

- 400 g de nuestra pasta favorita
- 1 bloque de tofu sedoso
- 1 cebolla mediana
- 4 dientes de ajo
- 3 cdas. de AOVE
- 1 cda. de levadura nutricional
- 1 cda. de zumo de limón
- 320 ml del agua de la cocción de la pasta
- ½ cdta. de sal
- pimienta al gusto

PASTA ALFREDO

Siempre estoy buscando cosas ricas, rápidas y nutritivas para comer entre semana, y esta receta de pasta Alfredo, con tofu sedoso en la salsa, es una manera de incorporar proteínas a un plato apto para toda la familia. También podemos usar pasta de lentejas rojas o guisantes si queremos añadir más proteínas todavía.

Vamos a cocinar nuestra pasta favorita siguiendo las instrucciones del paquete. A mí me gustan los tagliatelle o los fettuccine (sin huevo), pero para gustos, los colores. No olvidemos reservar el agua de la cocción para usarla después en la salsa.

Mientras la pasta se cocina, pelamos y picamos la cebolla y el ajo. Luego, los salteamos a fuego lento en un poco de AOVE hasta que se pongan translúcidos.

Ahora, añadimos el tofu, la cebolla y el ajo salteados, la levadura nutricional, el zumo de limón, sal y pimienta a una trituradora. Agregamos el agua de la pasta y trituramos todo hasta que quede suave.

Pasamos la salsa a la sartén en la que salteamos la cebolla y la calentamos a fuego bajo. Ajustamos la sal y la pimienta a nuestro gusto.

Finalmente, echamos la pasta ya cocida y escurrida en la sartén, mezclamos bien para cubrirla con la salsa y servimos caliente. Si queremos, podemos decorar con perejil fresco. ¡Listo para disfrutar!

TOFU MAC & CHEESE

INGREDIENTES PARA 4 RACIONES

- 400 g de nuestra pasta favorita
- 400 g de tofu sedoso
- 120 ml de leche vegetal sin azúcar
- 2 cdas. de levadura nutricional
- 2 cdas. de tomate concentrado
- 2 cdas. de zumo de limón
- 2 cdas. de miso
- 1 cda. de mostaza
- 4 dientes de ajo
- 2 cdtas. de cebolla en polvo
- 1 cdta. de almidón de tapioca
- una pizca de cúrcuma
- sal y pimienta al gusto

Hablando de platos rápidos para disfrutar en familia, este mac & cheese *es otro plato de pasta que brilla gracias al tofu sedoso.*

Vamos a cocinar la pasta siguiendo las instrucciones del paquete.

Ponemos todos los ingredientes en una trituradora y trituramos hasta que quede una mezcla suave y cremosa.

Una vez que la pasta esté cocida, la escurrimos y la volvemos a poner en la olla junto con la salsa de queso vegano que acabamos de preparar. Revolvemos para que se incorpore todo bien y calentamos a fuego medio-bajo. Removemos con frecuencia, hasta que esté caliente.

Probamos y ajustamos con más sal y pimienta si es necesario.

Servimos la pasta con un toque final de nuestra guarnición favorita, por ejemplo, perejil fresco, pan rallado tostado o beicon vegano.

SOFT TOFU BITES

INGREDIENTES

- 1 bloque de tofu sedoso
- 120 ml de agua
- 6 cdas. de harina de garbanzos
- 100 g de pan rallado
- ½ cdta. de sal
- ½ cdta. de pimienta negra
- ½ cdta. de cebolla en polvo
- ½ cdta. de ajo en polvo
- ½ cdta. de pimentón dulce

Aunque ya hemos cocinado nuggets con tofu firme, ahora te presento otra versión, esta vez con tofu sedoso, que se deshace en la boca. Pon un plato de estos bites *a cualquier grupo de personas ¡y te puedo asegurar que no durarán mucho tiempo!*

Empezamos cortando el tofu sedoso, con cuidado, en cubos, listos para pasar por el rebozado.

Ahora, preparamos nuestra mezcla para dipear el tofu. En un bol mezclamos el agua, la harina de garbanzos y las especias, y lo batimos todo hasta que tengamos una mezcla lisa y sin grumos.

En otro bol, tenemos el pan rallado.

Calentamos una olla con aceite a fuego medio.

Pasamos nuestro tofu por la mezcla húmeda y después por el pan rallado, y lo echamos a la sartén. Lo cocinamos durante un par de minutos hasta que esté dorado.

Repetimos hasta que acabemos todo el tofu, listo para servir con la salsa que nos guste más. A mí me encanta con salsa bang bang, sriracha, mayo o chili dulce.

NUGGETS DE TOFU

INGREDIENTES PARA UN PLATAZO DE NUGGETS

- un bloque de tofu firme
- 1 cdta. de pimentón
- 1 cdta. de ajo en polvo
- 1 cdta. de cebolla en polvo
- ½ cdta. de sal
- 1 cda. de maicena
- 1 cda. de aceite vegetal

Seamos sinceros, ¿a quién no le gustan los nuggets? ¡Y esta versión con un bloque de tofu es incluso mejor!

Cogemos un bloque de tofu firme, ya prensado, y tiramos o cortamos trozos con la forma de los nuggets tradicionales. Bueno, podemos darles la forma que más nos guste, pero si algo funciona, ¿por qué lo vamos a cambiar?

Metemos nuestros nuggets en un bol o un táper con el resto de los ingredientes, agitamos muy bien para asegurarnos de que queden bien cubiertos.

En vez de freírlos, podemos hacerlos de dos maneras: en una air fryer a 200 °C durante 15 minutos o en el horno durante el mismo tiempo a 220 °C.

Cuando estén crujientes, los ponemos en un bol y los mezclamos con una de nuestras salsas favoritas (como chilli dulce o barbacoa) ¡y a gozar!

soft tofu bites

nuggets
de tofu

INGREDIENTES PARA 4 RACIONES

- 400 g de tofu firme
- 4 dientes de ajo
- 2 cebollas tiernas
- 1 cda. de copos de chiles secos
- 60 g de soja texturizada hidratada
- 2 cdas. de doubanjiang
- 240 ml de caldo vegetal estilo pollo
- 1 cda. de salsa de ostras vegana (receta en la página 224)
- 1 cdta. de salsa de soja
- 1 cdta. de azúcar
- 1 cdta. de pimienta de Sichuan molida (opcional, pero ¡muy recomendable!)
- 1 cda. de maicena con 2 cdas. de agua para espesar
- 1 cdta. de aceite de sésamo
- 2 cdas. de aceite vegetal

MAPO TOFU

Algunos platos son algo más difíciles de preparar en casa. El mapo tofu es uno de ellos, no porque su elaboración sea supercomplicada, al contrario, sino porque es una de las pocas recetas de este libro donde debes buscar un ingrediente que es menos común: la doubanjiang, una pasta de habas de soja fermentadas, que aporta a este plato su sabor característico. ¡La mayoría de los supermercados asiáticos la venden!

Calentamos un par de cucharadas de aceite vegetal en un wok o una sartén a fuego medio. Añadimos el ajo, las partes blancas de la cebolla tierna y los copos de chile. Lo cocinamos 30 segundos o hasta que suelten su aroma. Agregamos la soja texturizada y la cocinamos durante un par de minutos. Incorporamos la doubanjiang y freímos otro minuto. Vamos mezclando bien para que se combine con la soja texturizada.

Ahora, añadimos el caldo y sazonamos con la salsa de ostras vegana, la salsa de soja, el azúcar y la pimienta de Sichuan si nos decidimos a usarla. Revolvemos todo y cocinamos 2 minutos.

Incorporamos la mezcla de maicena con agua y seguimos revolviendo hasta que la salsa espese. Con cuidado, vertemos el tofu y cocinamos unos 2 minutos más hasta que el tofu esté bien caliente. Probamos y ajustamos de sal si es necesario. Finalizamos con un chorrito de aceite de sésamo.

Pasamos todo a un plato y lo servimos con arroz blanco y las partes verdes de las cebollas que hemos usado.

BEICON DE TOFU

INGREDIENTES PARA 10 LONCHAS DE BEICON

- 200 g de tofu extra firme (el tofu que viene envasado al vacío)
- 2 cdas. de aceite vegetal
- 2 cdas. de salsa de soja
- 1 cda. de sirope de arce o de agave
- ½ cda. de sriracha
- 2 cdas. de levadura nutricional
- 1 cdta. de ajo en polvo
- 1 cdta. de cebolla en polvo
- 1 cdta. de pimentón dulce

Como te mencioné en la sección dedicada al seitán, los veganos siempre estamos buscando alternativas para el beicon y, por supuesto, una de las más populares es usar el tofu porque es supersencilla ¡y nos da un resultado bien rico!

La clave de esta receta está en cómo cortamos nuestro tofu. Lo vamos a cortar lo más fino posible para que luego nos quede bien crujiente. Podemos hacerlo con un cuchillo o hacemos lonchas con la ayuda de una mandolina.

Una vez que tengamos nuestras lonchas de tofu, vamos a preparar la marinada. Mezclamos el resto de los ingredientes y sumergimos cada loncha en la marinada.

Horneamos nuestro beicon en horno precalentado a 200 °C durante 30 minutos (15 minutos por cada cara de la loncha) o hasta que empiece a ponerse crujiente.

Lo dejamos enfriar unos minutos, ¡y listo!

SALMÓN DE TOFU

Hay algo que nunca he entendido: la falta de empatía que la mayoría de la población del mundo siente para con los peces, un grupo de animales enorme, diverso. Ahora bien, teniendo en cuenta que nuestros océanos cada día están más llenos de plásticos, quizá esta realidad nos haga considerar que vale más dejar los peces en el agua.

INGREDIENTES PARA 6 FILETES

- 1 bloque de tofu firme
- 250 ml de caldo vegetal
- 1 hoja de nori

PARA EL ADOBO Y LOS FILETES

- 2 cdas. de salsa de soja
- unos trozos de remolacha (de bote o cocinada)
- 1 cdta. de cebolla en polvo
- 1 cdta. de sal
- 1 cdta. de pimienta negra
- 1 cdta. de azúcar
- maicena para rebozar

Vamos a triturar todos los ingredientes, salvo el tofu, la alga nori y la maicena, hasta que todo esté bien incorporado.

Cortamos el tofu en filetes y, con la ayuda de unos palillos o cuchillos para mantener el tofu en su sitio, le hacemos cortes hasta que llegue al final de los palillos (así no se rompe) y conseguimos una textura parecida a la del pescado.

Bañamos el tofu en el adobo y lo dejamos reposar durante unas horas o mejor durante la noche.

Para cocinarlo, vamos a pegar una tira de nori al fondo de cada filete, como si fuera su piel. Después los pasamos por maicena para que estén cubiertos ligeramente con ella y los cocinamos en una sartén durante 2 minutos cada lado o hasta que estén dorados.

¡Y ya están listos para saborearlos con la combinación que más te guste!

INGREDIENTES PARA 12 HOT DOGS

- 200 g de lentejas rojas (o cualquier tipo de legumbre)
- 500 ml de agua
- 1 cdta. de levadura nutricional
- 1 cdta. de sal de apio
- 1 cdta. de cebolla en polvo
- 1 cdta. de cilantro en polvo
- 1 cdta. de pimienta

PERRITOS CALIENTES

Yo creo que sería complicado encontrar una receta para hacer una salchicha con menos ingredientes que esta. Con esta técnica para preparar tofu al estilo birmano, solo necesitamos lentejas rojas (o la legumbre que prefieras), agua y unas especias para aportar sabor. Te recomiendo que compres un molde para salchichas si quieres que tengan la forma tradicional. Si no, podemos usar cualquier tipo de recipiente y después cortarlas con la forma de una salchicha.

Dejamos las lentejas en remojo durante la noche u 8 horas como mínimo.

Al día siguiente, las lavamos un poco y las colamos. Luego las trituramos con 500 ml de agua en nuestra trituradora hasta que tengamos una mezcla sin grumos.

Para conseguirlo, con la ayuda de un colador vamos a pasar la mezcla a una olla, así separaremos perfectamente las lentejas trituradas y líquidas sin grumos de los restos de piel.

Ahora, añadimos nuestras especias y calentamos. No dejamos de mezclar hasta que espese.

Transferimos la mezcla a nuestros moldes y dejamos enfriar durante 1 hora.

Montamos los perritos calientes según nuestros gustos. Personalmente, soy muy fan del estilo chileno, con mayonesa vegana, cubitos de tomate, aguacate aplastado y un poco de chucrut, ¡como una salchicha de Viena crujiente!

También podemos montar los perritos al estilo choripán, con chimichurri (receta en la página 227).

TOFU PICADO, ¡PERFECTO PARA BURRITOS!

INGREDIENTES PARA 4 BURRITOS GRANDES

- 400 g de tofu firme
- 2 cdas. de aceite vegetal
- 1 cda. de salsa de soja
- 1 cda. de sazonador de no pollo
- 4 cdas. de maicena

PARA LA SALSA

- 3 cdas. de sazonador mexicano
- ½ cebolla roja picada
- 3 dientes de ajo picados
- 100 ml de agua
- 1 cda. de maicena

La carne picada es un ingrediente muy versátil que podemos replicar con bastante facilidad con productos plant based. En esta receta vamos a usar tofu desmenuzado para preparar un relleno perfecto para tus burritos, tacos o lo que sea.

Secamos el tofu como siempre y lo desmenuzamos finamente con los dedos.

Lo mezclamos con una cucharada de salsa de soja, la maicena y el sazonador de no pollo.

En una sartén o en un wok calentamos unas cucharadas de aceite vegetal y freímos el tofu hasta que esté bien crujiente.

Lo sacamos de la sartén y dejamos aproximadamente 2 cucharadas del aceite de la fritura en la sartén.

Sofreímos el ajo y la cebolla hasta que estén calientes.

Mezclamos todos los ingredientes para la salsa (excepto el ajo y la cebolla).

Agregamos la salsa y el tofu a la sartén con el sofrito, y mezclamos todo. Cocinamos hasta que la salsa espese.

Ahora, podemos montar nuestros burritos con un poco de crema agria vegana, arroz, lechuga, queso vegano y salsa picante. ¡Enrollamos y a comer!

TOFISH BURGER

INGREDIENTES PARA 4 BURGERS

- 1 bloque de tofu firme

PARA LA MARINADA

- 250 ml de caldo vegetal
- 1 hoja de nori
- 1 cda. de zumo de limón
- 1 cdta. de eneldo
- 1 cdta. de miso
- 1 cdta. de salmuera de alcaparras

PARA EMPANAR

- 150 g de harina de trigo
- 1 cdta. de ajo en polvo
- 1 cdta. de cebolla en polvo
- ½ cdta. de sal
- 200 ml de leche vegetal
- 100 g de pan rallado
- salsa tártara al gusto (receta en la página 225).

Aunque crecí sin comer carne, es cierto que pasé bastante tiempo en sitios como McDonald's y Burger King, porque es lo que hacen muchos adolescentes. Recuerdo que había un sándwich en concreto que siempre me llamaba la atención y no porque pensara que tenía buena pinta, ¡sino todo lo contrario!: la hamburguesa de pescado. Muchos años después, he hecho una versión vegana con tofu y no puedo negar que es una opción muy rica.

Cortamos el tofu en bloques y, con cuidado y con la ayuda de unos palillos, les hacemos unos cortes para que queden como un acordeón.

Trituramos todos los ingredientes de la marinada. Luego dejamos marinar el tofu durante media hora, por lo menos, pero, como siempre, si podemos dejarlo durante la noche, cogerá un sabor más intenso.

Ahora vamos con el empanado: mezclamos la harina con el ajo en polvo, la cebolla en polvo y la sal. Luego vertemos la leche vegetal en un bol y el pan rallado en otro.

Bañamos el tofu primero en la harina, luego en la leche y finalmente en el pan rallado.

Freímos nuestras hamburguesas hasta que estén doradas. Cuando veamos que están cogiendo color, les damos la vuelta.

Servimos el tofu en un pan de hamburguesa con queso vegano derretido y lo coronamos con la salsa tártara.

HUE
VEGA

VOS

NOS

UN POCO DE TEORÍA

¿Por qué los veganos no comen huevos? Las gallinas los ponen naturalmente, y no estamos haciéndoles ningún daño comiéndolos, así que ¿dónde está el problema?

Es cierto que, a simple vista, parece bastante raro que las personas veganas no coman huevos, pero cuando analizamos un poco lo que hay detrás de la industria que nos da este producto y lo que realmente significa ser vegano, tiene todo el sentido que busquemos alternativas.

LA INDUSTRIA DEL HUEVO

Si lo simplificamos, los veganos no comen huevos porque su filosofía se basa en evitar cualquier producto que provenga de los animales. Y muchas personas (aunque no tengo datos, diría que para la gran mayoría) son veganas por los animales y por su bienestar. Sin entrar en demasiados detalles, las gallinas que ponen huevos suelen vivir en condiciones bastante duras, en diminutas jaulas donde apenas pueden moverse. Además, cuando las gallinas dejan de ser productivas, muchas veces se sacrifican. Para los veganos, apoyar esta industria significa contribuir a ese sufrimiento, y eso es algo que queremos evitar.

EL PROBLEMA NO ES SOLO UN PAR DE HUEVOS

No comemos huevos, un subproducto de un animal (al igual que la leche y la miel) porque no debemos usar animales para nuestro bienestar. Los veganos creemos que los animales tienen derecho a vivir sus vidas sin que los humanos las exploten, incluso si esa explotación parece que es pequeña o que se preocupa algo por los animales.

Pero tengo mis propias gallinas que viven en mi patio, y me ponen huevos a diario, ¿cómo puede ser que eso sea algo malo?

Es una buena pregunta, y tiene que ver con la misma filosofía de respeto y no explotación de los animales. Incluso cuando se trata de gallinas «libres» o las que crías en tu propio patio, muchos veganos optan por no consumir sus huevos. Esto obedece a un par de razones: primero, está el principio de la explotación. Aunque las gallinas estén bien cuidadas y dispongan de espacio para moverse, los veganos pensamos que los huevos son el resultado del trabajo de la gallina y consumirlos sería aprovecharse de ella. Es como si tomaras algo que le pertenece a otro ser, sin su consentimiento. En segundo lugar, está el tema de la salud y del ciclo natural de la gallina. Las gallinas han sido criadas para poner muchos más huevos de los que normalmente pondrían, lo que puede causarles problemas de salud, como la pérdida de nutrientes o desgaste físico. Algunos veganos, en lugar de consumir huevos, prefieren evitar que las gallinas pierdan nutrientes. Además, está la idea de que si tienes gallinas y comes sus huevos, sigues viendo a esos animales como una fuente de comida, en lugar de como seres con su propio valor. Es más una cuestión ética que otra cosa. Así que, aunque tener gallinas libres o criadas en casa es mejor que abastecerse de la producción industrial, muchos veganos prefieren no consumir huevos, por coherencia con sus principios de respeto total hacia los animales.

Vale, pero ¿cómo puedes sustituir los huevos siguiendo una dieta vegana?

Pues, no te preocupes, te voy a enseñar cómo podemos seguir disfrutando encantados de los huevos que siempre hemos comido, pero sin usar ningún producto animal. ¿Listo?

HUEVO FRITO VEGANO

Hay pocas cosas tan simples y queridas por personas de todas las edades y culturas como el humilde huevo frito. Dicho esto, creo que probablemente fuera mi comida favorita cuando era niño, especialmente los eggs and chips *de mi abuela. Como ya no como huevos, entiendo muy bien a aquellas personas que antes comían carne y ahora buscan recetas para reemplazarla. ¡A lo mejor este libro puede ayudarlos!*

INGREDIENTES PARA 3 HUEVOS

LA CLARA

- 12 cdtas. de yogur de soja natural
- 4 cdas. de harina de arroz glutinoso
- 2 cdas. de aquafaba (el líquido de un bote de garbanzos)
- ½ cdta. de sal kala namak

LA YEMA

- 60 ml de agua
- ½ cda. de maicena
- ½ cda. de aceite neutro (he usado aceite de girasol)
- ½ cda. de levadura nutricional
- ¼ cdta. de kala namak
- una pizca de cúrcuma

Empezamos preparando la clara. Solo tenemos que poner el yogur, la harina, el aquafaba y la sal en un bol y mezclar bien.

Para la yema, vertemos el agua y la maicena en una sartén y mezclamos hasta que la maicena se haya diluido en el agua.

Ahora, añadimos el aceite, la levadura nutricional, la sal y la cúrcuma a la sartén y cocinamos a fuego medio, removiendo continuamente, durante 3-5 minutos, hasta que la mezcla adquiera una consistencia pegajosa.

Cuando tengamos las dos mezclas hechas, calentamos un poco de aceite en una sartén. Luego echamos nuestra clara al aceite caliente. Le damos forma con una cuchara y una espátula.

Después de un par de minutos, o hasta que veamos que la clara se está dorando por los bordes, damos la vuelta a nuestro huevo y lo cocinamos por el otro lado.

Antes de sacarlo de la sartén, añadimos un poco de la yema en el centro. ¡También puedes usar la yema como una salsa!

Podemos terminar espolvoreando una pizca más de kala namak por encima. Lo acompañamos de unas ricas patatas fritas.

MIS HUEVOS

INGREDIENTES PARA UNOS 250 ML DEL PREPARADO

- 200 g de judías mungo (*moong dal*, puedes encontrarlas en cualquier supermercado asiático)
- 240 ml de leche vegetal sin azúcar
- 1 cda. de harina de tapioca
- 1 cdta. de kala namak
- 1 cdta. de levadura
- una pizca de colorante o cúrcuma

En Estados Unidos hay una empresa especializada en vender una mezcla líquida, lista para hacer tortillas y revueltos. Lo que pasa es que todavía no ha llegado a España y es bastante cara. Por suerte, podemos hacer una versión casera para preparar platos ricos cuando nos apetezca.

Ponemos las judías en un bol grande, las cubrimos en agua y las dejamos en remojo toda la noche.

Al día siguiente, las pasamos por un colador y las colocamos en nuestra trituradora junto con el resto de los ingredientes. Lo trituramos todo hasta obtener una mezcla lisa, sin grumos.

Pasamos la mezcla a un recipiente hermético y la guardamos en la nevera, donde aguanta hasta una semana. Ya la tienes lista para cuando quieras hacer tortillas francesas, revueltos o incluso tortilla de patatas.

Mis Huevos

INGREDIENTES PARA 2 RACIONES

- 125 ml de nuestra mezcla de Mis huevos
- 1 cda. de AOVE
- las verduras que queramos añadir a nuestro revuelto

HUEVOS REVUELTOS
(CON EL PREPARADO DE MIS HUEVOS)

En mi época universitaria, comía huevos revueltos casi todas las mañanas antes de ir a clase. Y cuando no los comía porque entraba muy temprano, sabía que podía preparármelos en cuanto llegara a casa. Vamos a ver tres maneras de cocinarlos 100% plant based, empezando con la mezcla de «Mis huevos» que te enseñé acabo de enseñar en la página anterior.

Cortamos las verduras que vamos a usar para el revuelto de la forma que más nos gusten. No hace falta que sean uniformes, aquí mandas tú. Yo suelo usar cebolla, pimiento verde y si tengo algo de seitán, lo corto en daditos.

En una sartén, sofreímos las verduras y la proteína vegetal (si la estamos usando) durante unos 5 minutos a fuego medio hasta que estén translúcidas.

Ahora, añadimos nuestro preparado y lo mezclamos en la sartén. Removemos con frecuencia durante 4-5 minutos, hasta que podamos ver que el revuelto se ha formado.

INGREDIENTES PARA 2 RACIONES

- 60 g de harina de garbanzos
- 120 ml de agua o caldo vegetal
- 1 cdta. de cebolla en polvo
- 1 cdta. de ajo en polvo
- ½ cdta. de kala namak
- una pizca de cúrcuma

HUEVOS REVUELTOS
(CON HARINA DE GARBANZOS)

A lo mejor no encuentras las judías mungo, pero sí tienes harina de garbanzos muerta de risa en tu despensa. ¡No te preocupes! La harina de garbanzos hace maravillas cuando buscamos alternativas al huevo, como vas a poder comprobar en este revuelto.

Simplemente tenemos que mezclar todos los ingredientes en un bol, y los batimos hasta conseguir una mezcla lisa y sin grumos.

Cortamos las verduras que estamos usando y las sofreímos en una sartén a fuego medio hasta que estén translúcidas o se hayan marchitado si hemos escogido espinacas o acelgas (recomendadas).

Ahora, añadimos la mezcla y la removemos con frecuencia, durante 5 minutos o hasta que veamos que nuestros huevos están cocinados.

INGREDIENTES PARA 2 RACIONES

- 150 g de semillas de calabaza
- 450 ml de agua
- 2 cdas. de cúrcuma
- 1 cdta. de cebolla en polvo
- 1 cdta. de ajo en polvo
- ½ cdta. de kala namak

HUEVOS REVUELTOS
(CON PEPITAS)

Esta versión de revuelto ha sido un descubrimiento bastante reciente. Vi a alguien haciéndolo online y no podía creer que con las semillas de calabaza saliera un revuelto tan realista. Así que probé la receta, ¡y desde entonces es mi forma preferida de cocinarlo!

Vamos a empezar dejando las semillas de calabaza en remojo con agua hervida durante 1 hora para que se pongan blandas.

Después de 1 hora, vamos a lavar las semillas en un colador y las añadimos a nuestra trituradora con el agua y las especias. Batimos hasta conseguir una mezcla bien lisa.

Ahora, en una sartén a fuego medio, cocinamos la mezcla durante 5 minutos, removiéndola de vez en cuando para romperla y formar la textura de un revuelto de huevo poco hecho.

Prefiero cocinar esta versión sin verduras porque a mí me gusta servirlo sobre una tostada con tomate asado y cebollino fresco por encima, pero tú decides.

TORTILLA FRANCESA
(CON HARINA DE GARBANZOS)

INGREDIENTES PARA 1 TORTILLA

- 30 g de harina de garbanzos
- 90 ml de agua
- 2 cdtas. de levadura nutricional
- ¼ cdta. de levadura en polvo
- una pizca de kala namak
- las verduras que prefieras
- cebollino fresco

El año pasado, me invitaron a participar en la fase final de un casting para un programa de cocina de la televisión. A pesar de saber que soy vegano, la prueba a la que se enfrentaron los candidatos era preparar una tortilla francesa de tres huevos y un par de ingredientes más que había en la cocina de las instalaciones. Por supuesto, no hice la prueba, y la experiencia fue un tanto desagradable. Estaba decepcionado por no haber podido hacerla, por supuesto, pero sobre todo porque es muy fácil hacer una tortilla francesa con un par de ingredientes que probablemente guardes en tu despensa.

Simplemente tenemos que mezclar todos los ingredientes en un bol con la ayuda de unas varillas. Luego dejamos reposar la mezcla 5 minutos antes de cocinar.

Mientras, podemos sofreír las verduras que vamos a usar como relleno. A mí me encanta con espinacas, cebolla y un poco de queso vegano.

En una sartén con aceite, a fuego medio, añadimos la mezcla como si fuera una tortita, en una capa bien finita, y la dejamos cocinar durante unos minutos, usando una espátula para asegurar que no se pegue a la sartén.

Después en un lado añadimos nuestro relleno y, con cuidado, doblamos la tortilla y la dejamos cocinar 1 minuto más.

Para terminar, me gusta pintarla con un poco de mantequilla vegetal y añadir un poco de cebollino fresco por encima.

TORTILLA FRANCESA (CON EL PREPARADO DE MIS HUEVOS) Y QUESO VEGETAL FUNDIDO

INGREDIENTES PARA 1 TORTILLA

- 100 ml de nuestra mezcla de Mis huevos

PARA EL QUESO

- 1 lata de leche de coco
- 60 ml de leche vegetal sin azúcar
- 3 cdas. de harina de tapioca
- 3 cdas. de levadura nutricional
- 1 cdta. de cebolla en polvo
- 1 cdta. de ajo en polvo
- ½ cdta. de sal
- 1 cda. de AOVE

Podemos usar la mezcla de la receta de Mis huevos para conseguir una tortilla francesa de 10. Como relleno, te comparto la receta de uno de mis favoritos, un queso vegetal derretido a base de leche de coco.

Empezamos haciendo el queso, ya que tenemos la mezcla para los huevos lista. Solo tenemos que mezclar todos los ingredientes en una olla y cocinarlos a fuego medio durante 5 minutos, removiendo constantemente, hasta que veamos que espesa.

Ahora, en una sartén con un poco de AOVE, vamos a añadir la mezcla de Mis huevos y la cocinamos a fuego medio-lento durante 5 minutos, usando una espátula para asegurar que no se pegue.

Añadimos una capa generosa de nuestro queso vegano a un lado de la tortilla (y otro relleno si queremos) y, con cuidado, cerramos la tortilla y la dejamos cocinar durante un par de minutos más.

Pasamos al plato con cuidado ¡y lista para disfrutar!

INGREDIENTES PARA 1 TORTILLA

- 5 patatas medianas
- 1 cebolla blanca mediana
- 200 g de tofu
- 2 cdas. de harina de garbanzos
- 2 cdas. de maicena
- 1 cda. de levadura nutricional
- 2 cdtas. de kala namak
- 1 cdta. de ajo en polvo
- 1 cdta. de cebolla en polvo
- 300 ml de aceite
- una pizca de cúrcuma

TORTILLA DE PATATAS (POCO HECHA)

Cuando digo «poco hecha», a lo mejor estoy siendo un poco libre con la descripción, porque no he conseguido la típica tortilla muy poco hecha que vi en algunos sitios cuando vivía en Madrid. Pero esta versión con tofu como parte de la mezcla se convierte en una tortilla más jugosa que la de la receta siguiente. Además, en esta versión vamos a freír las patatas en vez de hervirlas. ¡Las dos tortillas son deliciosas, pero muy distintas!

Cortamos nuestras patatas y las ponemos a freír en una sartén con abundante aceite a fuego medio-bajo. Cuando veamos que las patatas están casi hechas, añadimos nuestra cebolla cortada bien finita.

Mientras se cocinan las patatas y la cebolla, añadimos el resto de los ingredientes a nuestra trituradora o batidora y trituramos todo hasta obtener una mezcla muy lisa, sin grumos.

Escurrimos la mezcla de patatas y cebolla para que no quede con mucho aceite, y la pasamos a un bol grande donde vamos a mezclar todos los ingredientes juntos.

En la misma sartén, vertemos un poco más de aceite, echamos la mezcla y hacemos nuestra tortilla con la ayuda de una espátula para darle forma.

La cocinamos a fuego medio-bajo durante unos 6 u 8 minutos, dándole un meneo cada minuto para que no se pegue a la sartén.

Le damos la vuelta con la ayuda de un plato y cocinamos el otro lado de la tortilla durante otros 6 u 8 minutos, ¡y ya la tenemos!

INGREDIENTES PARA 1 TORTILLA

- 5 patatas medianas
- 1 cebolla blanca
- 4 cdas. de harina de garbanzos
- 150 ml de agua
- 2 cdas. de harina de maíz
- 1 cdta. de cebolla en polvo
- 1 cdta. de ajo en polvo
- 1 cdta. de sal negra kala namak
- verduras cortadas para preparar una tortilla campera (opcional)
- 5 cdas. de aceite

TORTILLA DE PATATAS

(CON HARINA DE GARBANZOS)

A mí me gusta preguntar a las personas: «¿Cuál ha sido el mejor plato que has comido jamás, sea o no vegano?». Y lo que me gusta más de esta pregunta es la cantidad de respuestas que recibo, desde personas que recuerdan una cena en un restaurante con estrella Michelin a otras que rememoran los guisos de sus abuelas y las que, como yo, asocian una determinada comida a una etapa particularmente feliz de su vida. En mi caso, recuerdo especialmente un bocadillo de tortilla de patatas que me sirvieron en un bar de toda la vida cuando estaba estudiando en Sevilla. Solo 2 euros por un pedazo de bocadillo de tortilla recién hecha acompañada de un montón de mayonesa. Desde que me hice vegano, he intentado replicar ese bocadillo muchas veces, para transportarme así a ese momento tan importante y tan dichoso de mi vida.

Empezamos pelando las patatas y cortándolas en trozos. Las añadimos a una olla con agua hirviendo y las dejamos cocinando durante 15 minutos, hasta que estén blanditas. Mientras las patatas se cocinan, preparamos nuestra mezcla para la masa que hará las funciones del huevo.

Añadimos la harina de garbanzos, la harina de maíz, la cebolla en polvo, el ajo en polvo y la kala namak a un bol con 150 ml de agua. Mezclamos todo muy bien hasta que no haya grumos y quede una masa bien lisa.

Como sabemos que una tortilla de patatas no es una tortilla si no hay cebolla, corta la cebolla en trocitos y fríela en una sartén hasta que esté translúcida. (Es broma, si no somos fans de la tortilla con cebolla, podemos omitirla). Ahora es cuando cocinaremos las otras verduras también si vamos a hacer una tortilla campera.

Escurre las patatas a cocidas e incorpóralas a la sartén con la cebolla. Cocínalas durante unos 5 minutos, hasta que las patatas estén un poco doradas.

Luego pasamos la mezcla de patatas y cebolla a un bol con la mezcla de harinas que preparamos antes. Lo integramos todo muy bien. ¡Nuestra masa ahora debe quedar bien incorporada para poder cocinar la tortilla!

En la misma sartén que hemos utilizado antes, ponemos una cantidad de aceite generosa a fuego medio-alto.

Con la ayuda de una espátula, pasamos toda la mezcla a la sartén y hacemos la forma de una tortilla, aplanando la mezcla hasta que quede un círculo bastante uniforme.

Cocinamos la tortilla durante 5 minutos en un lado, moviendo la sartén frecuentemente para que no se pegue. Colocamos un plato encima de la sartén y le damos la vuelta.

Volvemos a echar la tortilla a la sartén. Si se ha quedado algo cruda, repite el proceso hasta conseguir el punto de dorado que te guste.

INGREDIENTES PARA 4 RACIONES

- 1 bloque de tofu firme
- 3 cdas. de mayonesa vegana
- ½ cebolla roja
- 2 cdas. de levadura nutricional
- 1 cdta. de mostaza a la antigua
- 1 cdta. de cúrcuma
- 1 cdta. de kala namak
- pimienta negra al gusto
- un poco de cebollino

HUEVO MAYONESA

Si tuviera que representar mi adolescencia con una comida, seguramente escogería una baguette rellena de ensalada de huevo con mayonesa, o egg mayo, *como se llama en inglés. Los días de colegio iba con mis amigos a comer a una tienda que se llamaba Baguette Shops (como si estuviéramos en Francia y no en la Escocia rural), donde pedía una baguette rellena de esta maravilla, acompañada de pimientos mixtos, lechuga y pimienta negra por encima.*

Empezamos apretando bien el tofu para quitarle el exceso de agua.

Después, lo desmigamos en un bol grande, picamos la cebolla y la añadimos al mismo bol junto con los demás ingredientes.

Ahora lo mezclamos todo muy bien hasta que todos los ingredientes se hayan integrado.

A mí me gusta comer el tofu mayo un poco frío, así que podemos meterlo en la nevera unos 10 minutos antes de servirlo. Puedes meterlo en un wrap, en una patata asada o en una baguette.

HUEVOS ROTOS

A lo mejor llamas a este plato huevos rotos o huevos estrellados, pero lo más importante de esta receta es que no hemos roto o estrellado ningún huevo para prepararla. Vamos a usar la receta de los huevos fritos que hemos visto un poco antes y le vamos a añadir un extra de yema y unas lonchas de jamón vegano hecho a base de papel de arroz.

INGREDIENTES PARA 2-3 RACIONES

LA CLARA

- 12 cdtas. de yogur de soja natural
- 4 cdas. de harina de arroz glutinoso
- 2 cdas. de aquafaba (el líquido de un bote de garbanzos)
- ½ cdta. de sal kala namak

LA YEMA

- 120 ml de agua
- 1 cda. de maicena
- 1 cda. de aceite neutro (yo he usado aceite de girasol)
- 1 cda. de levadura nutricional
- ½ cdta. de kala namak
- una pizca de cúrcuma

EL JAMÓN

- 4 láminas de papel de arroz
- 1 cdas. de tomate concentrado
- 1 cda. de salsa de soja
- 1 cda. de líquido de remolacha
- 1 cda. de sazonador de no pollo (ver la página 233).
- patatas fritas caseras o congeladas

Vamos a empezar con el jamón, mezclando todos los ingredientes en un bol, menos el papel de arroz.

Cogemos las láminas de papel de arroz y las cortamos en trozos largos para que sean como el beicon. Mojamos dos láminas pegadas una a la otra en un bol con agua y, cuando estén blanditas, las transferimos a un plato. Cuando todas las láminas ya están mojadas, las pintamos con cuidado, con la mezcla que preparamos antes, por ambos lados. Las guardamos en el frigo hasta que sea hora de montar el plato.

Cocinamos las patatas fritas según nuestro gusto. Mientras se cocinan, empezamos con los huevos.

En una olla, preparamos la yema. Primero mezclamos el agua con la maicena hasta que no haya grumos y después añadimos el resto de los ingredientes. Lo batimos todo y cocinamos a fuego medio-alto hasta que espese, removiéndolo constantemente. Hemos hecho una cantidad mayor para poderla añadir al plato como salsa.

Ahora toca mezclar todos los ingredientes para hacer la clara del huevo. Freímos la mezcla en una sartén, dándole la vuelta cuando vemos que se ha dorado por los lados. Añadimos un poco de la yema por encima para terminar.

Para montar nuestro plato, ponemos las patatas fritas, 3 o 4 huevos fritos y las lonchas de jamón.

Como algo opcional, podemos añadir 1 cucharada o 2 más de la salsa estilo yema para que, cuando cortemos los huevos con el cuchillo, disfrutemos de una explosión de colores y sabores.

HUEVOS BENEDICT

INGREDIENTES PARA 6 HUEVOS

LA CLARA

- 250 g de tofu sedoso
- 2 cdas. de maicena
- 1 cdta. de agar-agar
- una pizca de kala namak

LA YEMA

- 120 ml de agua
- 1 cda. de maicena
- 1 pizca de colorante o cúrcuma
- 1 cda. de AOVE
- 1 cda. de levadura nutricional
- ¼ cdta. de kala namak

EL JAMÓN

- 4 láminas de papel de arroz
- 1 cda. de tomate concentrado
- 1 cda. de salsa de soja
- 1 cda. de líquido de remolacha
- 1 cda. de sazonador de no-pollo (ver la página 233)
- salsa holandesa (receta en la página 225)

- 6 rebanadas de pan tostado

Siempre me ha llamado la atención este plato. Quizá sea su contraste de colores, la salsa tan suave que tiene por encima o simplemente que nunca lo había comido hasta hace muy poco. Pero en cuanto lo probé, entendí por qué a la gente le gusta tanto.

¡La clave de esta receta está en mezclar muchas cosas!

Vamos a triturar el tofu, la maicena, el agar-agar y la sal negra hasta obtener una consistencia muy lisa, sin grumos. Ya tenemos la clara de nuestros huevos.

Para la yema, mezclamos agua y maicena, y después lo vertemos a una sartén con la cúrcuma, el AOVE, la levadura nutricional y la kala namak. Cocinamos y removemos constantemente hasta que la mezcla empiece a espesar un poco.

Transferimos la mezcla a unos moldes (he usado minicupcakes) y los metemos en el congelador durante 1 hora.

Mientras las yemas se congelan, vamos a preparar el jamón. Para ello seguimos los pasos que usamos en la receta de los huevos rotos (ver la página 142). Guardamos nuestro jamón en la nevera hasta el momento de emplatar.

Con la ayuda de un molde de huevos, añadimos 1 cucharada de clara, introducimos la yema congelada y la tapamos con más yema blanca.

Ahora vamos a pochar nuestros huevos. Sin sacarlos del molde, los metemos en agua caliente, tapados, durante 10 minutos.

Mientras, preparamos la salsa. Trituramos todos los ingredientes y después la cocinamos en una sartén hasta que esté espesa.

Servimos los huevos en pan tostado, con unas lonchas de jamón vegano debajo y la salsa cremosa por encima.

QUICHE DE CHORIZO VEGANO, ESPINACAS Y TOMATE

INGREDIENTES PARA 6 PORCIONES

- 1 masa quebrada vegana del supermercado
- 1 cebolla roja pequeña
- 400 g de tofu firme
- 1 puñado de tomates cherri
- 1 puñado de espinacas frescas
- 150 g de chorizo vegano (ver la receta en la página 49)
- 3 lonchas de queso vegano
- 240 ml de leche vegetal
- 3 cdtas. de levadura nutricional
- 1 cdta. de sal
- 1 cdta. de kala namak
- ½ cdta. de levadura en polvo

Recuerdo comprar mis primeras quiches precocinadas en el supermercado, con su envase de papel de aluminio, y siempre estaban poco hechas y frías. Aunque cumplían su propósito, con toda humildad tengo que decir que esta versión es diez veces mejor. Te enseño mi favorita, pero no tengas miedo de jugar con los ingredientes del relleno.

Empezamos precocinando el hojaldre durante 10 minutos, siguiendo las instrucciones del pack.

Para el relleno, tenemos que sofreír la cebolla con los cherris, las espinacas y el chorizo vegano hasta que la cebolla se haya caramelizado.

Añadimos el queso vegano y dejamos que se derrita.

Ahora, trituramos el resto de los ingredientes hasta obtener una mezcla muy lisa, sin grumos.

En un bol grande, mezclamos los ingredientes de la sartén con la mezcla de la trituradora y rellenamos el hojaldre, que antes hemos pasado a un molde para el horno.

Horneamos nuestra quiche durante 30 minutos en horno precalentado a 180 °C y ¡listo!

INGREDIENTES PARA 8 MITADES

LA CLARA

- 380 ml de leche vegetal
- 2 cdtas. de agar-agar
- ¼ cdta. de kala namak

LA YEMA

- 4 cdas. de puré de patatas instantáneo
- 1 cda. de levadura nutricional
- una pizca de kala namak
- una pizca de cúrcuma
- 1 cdta. de aceite de girasol
- 1 cdta. margarina vegetal
- 100 ml de agua caliente

HUEVOS DUROS

La verdad es que cuando dejé de consumir huevos hace unos diez años, no me imaginaba que volvería a comer un huevo duro en mi vida, pero ¡qué equivocado estaba! Como todo, con un poco de imaginación, podemos replicarlo.

Empezamos con la clara. Mezclamos la leche vegetal, el agar-agar y la kala namak en una trituradora y después pasamos la mezcla a la sartén. Cocinamos durante 5 minutos para activar el agar-agar y después la transferimos a un molde. Dejamos que enfríe durante 1 hora.

Antes de sacar los huevos de la nevera, preparamos la yema. Para ello mezclamos todos los ingredientes juntos en un bol hasta obtener la consistencia deseada. Si queremos una yema más líquida, añadimos despacio un poco más de agua. Dejamos la mezcla en la nevera durante media hora.

Para montar los huevos, cortamos un hueco en la parte blanca, con cuidado, y la rellenamos con la yema. Podemos también juntar dos mitades para formar un huevo entero, rellenar el centro con la yema, ¡y dipear con pan tostado!

INGREDIENTES PARA 2 SCOTCH EGGS

- 4 mitades de los huevos duros (receta en la página 149)
- 4 cdas. de yema de huevo (receta en la página 125)
- 120 g de alubias rojas
- 120 g de alubias carillas (*black eyed peas*)
- 3 chalotas
- 3 cdas. de sazonador tipo no pollo (receta en la página 233)
- 1 cdta. de nuez moscada
- 75 g de pan rallado integral
- 3 cdas. de aquafaba batido
- sal y pimienta al gusto
- 100 ml de leche vegetal
- 100 g de pan rallado
- 1 cda. de AOVE

SCOTCH EGG

Ok, a pesar de tener la palabra scotch *en su nombre, la verdad es que esta* delicatessen *es de origen inglés. No se sabe su origen exacto, pero en lo que no hay división de opiniones es en lo rica que está. ¿Cómo no te va a gustar un huevo duro, cubierto de carne picada, pan rallado, que se fríe?*

Vamos a empezar con la receta de los huevos de la página 149, y los dejamos listos para usar después.

Para la carne mezclamos las alubias rojas y las carillas en un bol junto con una cucharada de AOVE y machacamos bien.

Añadimos después las chalotas cortadas finas, el sazonador, la nuez moscada, la sal y la pimienta al bol, y mezclamos bien. Finalmente, incorporamos el pan rallado con el aquafaba batido a la mezcla. Integramos todo muy bien hasta que obtengamos una masa bien densa.

Transferimos la mezcla a un recipiente forrado con papel film, la allanamos, la cubrimos y la dejamos en la nevera un par de horas.

Transcurrido ese tiempo, separamos la mezcla en 2 bolas. Ponemos las bolas en un trozo de papel film cada una y las cubrimos con otro trozo de papel. Vamos a aplanarlas lo máximo posible.

Como queremos introducir la yema dentro de los huevos, hacemos un agujero pequeño en cada una de las mitades y las llenamos con la yema. Con cuidado, juntamos 2 mitades para formar un huevo entero.

Quitamos la capa de film que está encima de la carne y, con la ayuda del film de abajo, cubrimos los huevos con la carne.

Para terminar, pasamos los huevos por un poco de leche vegetal y después por nuestro pan rallado.

Ya solo queda hornearlos a 200 °C durante 20 minutos o hasta que estén dorados.

FRU
Y VER

TAS
DURAS

UN POCO DE TEORÍA

Desde fuera, puede parecer que los veganos necesitamos un millón de ingredientes raros y que usamos técnicas más propias de los alquimistas que de los cocineros para preparar nuestros platos. Y aunque no comparto esta opinión (y es algo que intento desmentir en este libro), entiendo que para algunos conseguir preparar seitán desde cero o un tofu que le guste puede resultar más complicado al principio.

Menos mal que tenemos las frutas y verduras. Estos alimentos, que deberían ser la base de nuestra alimentación, nos ofrecen una gran cantidad de posibilidades para replicar los sabores y las texturas de los productos cárnicos y crear platos realmente ricos y únicos. A veces solo necesitamos un poco de imaginación.

INGREDIENTES PARA 2 RACIONES

- 4 setas ostra real
- 1 cdta. de pimentón dulce
- 1 cdta. de cayena
- ½ cdta. de ajo en polvo
- ¼ cdta. de canela
- ½ hoja de nori
- 120 ml de agua
- 120 ml de vino blanco
- 3 cdas. de mantequilla vegetal
- 1 cda. de AOVE
- 3 dientes de ajo
- 1 paquete de espaguetis
- perejil para decorar

VEGAMBAS (SCAMPI)

Si eres vegano, es muy probable que hayas visto muchas recetas que recrean platos cárnicos con setas, ¿verdad? Y, hasta ahora, no hemos visto ninguna por aquí. Pues te digo la verdad, las setas son uno de los pocos alimentos que no me gustan. Pero esta variedad, la ostra real, tiene un sabor muy suave y replica muy bien la textura de las gambas. Así que, por el amor al arte, he hecho un esfuerzo y las he cocinado para ti, ¡jeje!

Cocinamos los espaguetis según las instrucciones del paquete. Mientras, preparamos una marinada con las especias.

Cortamos las setas en forma de gambas y las dejamos marinar en la mezcla de especias con agua hervida durante 20 minutos.

Sofreímos el ajo con la mantequilla vegetal y un poco de aceite. Después añadimos las setas y cocinamos durante 3 minutos por cada lado.

Incorporamos el vino y cocinamos durante 10 minutos más para reducir la salsa.

Cuando la salsa haya reducido, incorporamos los espaguetis y lo mezclamos todo muy bien. Terminamos el plato con un poco de perejil picado por encima.

vegambas
ceviche

INGREDIENTES PARA 2 RACIONES

- 1 lata de palmitos
- 3 tomates
- 1 chile habanero
- ½ cebolla roja
- 3 cdas. de AOVE
- 2 cdas. de zumo de lima
- cilantro picado al gusto

CEVICHE

Las cosas rápidas a veces son las más ricas, y el ceviche, que hasta ha sido reconocido por la UNESCO como Patrimonio Cultural Inmaterial, es una de ellas. Con pocos ingredientes y solo un poco de paciencia para dejarlo marinar, tenemos una versión vegana de este plato peruano tan querido.

Empezamos lavando los palmitos y los cortamos primero en rodajas y después en trozos irregulares, pero más o menos un cuarto de las rodajas.

Cortamos los tomates en daditos, y picamos la cebolla y el chile habanero bien fino.

Mezclamos todo en un bol, y añadimos el AOVE y el zumo de lima.

Lo metemos en la nevera por lo menos una hora para que se impregne de todo el sabor, ¡y listo!

INGREDIENTES PARA 2 RACIONES

- 1 berenjena
- 1 cebolla dulce
- 2 zanahorias
- 5 o 6 dientes de ajos picados
- 600 ml de caldo vegetal (receta en la página 233)
- 3 cdas. de harina normal
- 1 cda. de curri en polvo
- 2 cdas. de salsa de soja
- 1 cda. de azúcar
- leche vegetal
- 100 g de harina para rebozar
- 1 cda. de aceite
- copos de maíz, pan rallado o panko para rebozar
- sal y pimienta al gusto

KATSU DE BERENJENA

La berenjena es una de las verduras que voy incorporando cada vez más en mi dieta, y es por la versatilidad que tiene en platos como este. Este curri estilo katsu, con la berenjena rebozada y servida con una salsa de curri dulce, es el plato perfecto para cuando tienes una visita y quieres dejar a tus invitados impresionados, sin que tengas que elaborar algo supercomplicado.

Vamos a empezar con la salsa. Sofreímos la cebolla, el ajo y las zanahorias en un poco de aceite hasta que las zanahorias se empiecen a ablandar.

Ahora, añadimos el curri en polvo y tamizamos la harina. Nos aseguramos de que todo esté bien mezclado antes de verter el caldo.

Mezclamos la salsa a fuego bajo, y añadimos la salsa de soja y el azúcar.

Después de 5 minutos, transferimos la mezcla a una trituradora o una batidora de mano y trituramos hasta que conseguir una salsa sin grumos. La pasamos de nuevo a la sartén y la cocinamos durante 10 minutos más, a fuego bajo para que espese.

Cortamos la berenjena en láminas de 1 cm de grosor, más o menos. Las bañamos en leche vegetal, las pasamos por un poco de harina y finalmente por los copos de maíz, pan rallado o panko, dependiendo de lo que estemos usando.

La freímos durante un par de minutos por cada lado, hasta que esté dorada y crujiente.

Servimos con un poco de arroz ¡y listo!

INGREDIENTES PARA 4 RACIONES

- 4 o 5 zanahorias
- 3 cdas. de salsa de soja
- 2 cdas. de AOVE
- 1 cda. de vinagre
- 1 cda. de zumo de limón
- 1 cda. de aliño de alcaparras
- 1 cdta. de pimentón
- alga nori al gusto
- sal al gusto

SALMÓN DE ZANAHORIA

Yo siempre tengo zanahorias en la nevera. Muchas veces están muertas de risa, pero por lo menos están allí.
Y menos mal, porque son una verdura muy versátil, como podemos comprobar en esta receta en la que sustituyen el salmón.

Empezamos preparando las zanahorias. Las cortamos en láminas con un pelador.

Vamos a cocinarlas durante 3 o 4 minutos y después las dejamos enfriar un poco.

Mientras se están cocinando las zanahorias, preparamos el marinado en un bol con el resto de los ingredientes y mezclamos.

Añadimos las láminas de zanahoria cocidas al bol y mezclamos todo muy bien.

Ahora, transferimos la mezcla a un táper y lo dejamos en la nevera durante unas horas para que las zanahorias cojan sabor.

¡Y listo para disfrutar en un bagel con queso crema!

INGREDIENTES PARA 6 RACIONES

- la piel de 4 plátanos
- 1 cebolla morada picada
- 1 tomate picado
- 1 pimiento rojo picado
- 4 dientes de ajo
- 200 ml de caldo vegetal (página 233)
- 1 cda. de vinagre
- 1 cda. de salsa de soja
- 1 cda. de salsa BBQ
- 1 cdta. de tomate concentrado
- 1 cda. de pimentón
- 1 cda. de orégano
- 1 cda. de pimienta negra
- sal al gusto

CARNE MECHADA DE PLÁTANO

¿Qué te parece si preparamos una receta con la piel del plátano? Te propongo esta carne mechada, guisada a la perfección, para combinar como mejor te apetezca.
A mí me gusta preparar casca louca*, una versión vegetal del famoso sándwich brasileño,* carne louca.

Vamos a empezar pelando los plátanos y, con la ayuda de una cuchara, quitamos toda la carne posible de la piel, para quedarnos solo con una capa fina.

La dejamos remojar en agua y vinagre en la nevera durante media hora, y después la cortamos en tiras bien finitas.

Para preparar la salsa, sofreímos la cebolla, el tomate, el pimiento y el ajo durante 5 minutos, y después añadimos el tomate concentrado, la salsa BBQ y las especias.

Un par de minutos después, incorporamos las tiras de plátano, la salsa de soja y el caldo vegetal, tapamos y lo guisamos a fuego medio-bajo durante media hora o hasta que la salsa haya reducido.

Ya tenemos el relleno listo para nuestro montadito de *casca louca*, pero puedes usarlo como comerías cualquier tipo de carne mechada.

carne mechada
de plátano
banana
beicon

BANANA BEICON

INGREDIENTES PARA 4 RACIONES

- la piel de 2 plátanos
- 3 cdas. de salsa de soja
- 1 cda. de sirope de agave o de arce
- ½ cdta. de ajo en polvo
- ½ cdta. de pimentón

No te preocupes, yo pensaba lo mismo: no puede ser que alguien use las pieles de los plátanos como si fueran beicon, pero ¡te lo juro que funciona! Aunque parece muy raro, esta receta no solo es superrica, sino una manera de aprovechar un alimento que solemos tirar a la basura sin pensar. ¡Y mientras estás cocinándolo, puedes comerte los plátanos como entrante!

Empezamos pelando los plátanos con cuidado para que la piel nos dé 3 o 4 tiras. Guardamos la fruta para comer en un táper o podemos comerla mientras cocinamos, ¡como queramos!

Con la ayuda de una cuchara, quitamos lo que podamos de la carne que todavía quede en la piel del plátano.

En un recipiente, mezclamos los ingredientes para hacer la salsa y añadimos las tiras.

Cerramos el recipiente y lo agitamos muy bien para que todas las tiras se impregnen bien en la salsa. Lo refrigeramos durante 1 hora por lo menos para que se marine bien.

Cuando nuestro beicon haya marinado, lo pasamos por la sartén a fuego medio durante un par de minutos por cada lado y lo servimos de la forma que más nos guste.

INGREDIENTES PARA 6 RACIONES

- 1 calabacín verde
- 100 ml de vinagre de vino blanco
- 50 ml de AOVE
- 2 cdas. de perejil fresco
- 2 dientes de ajo picado
- 1 cda. de sal

NOQUERONES

Recuerdo que cuando nos mudamos a Madrid, estábamos abiertos a todas las posibilidades que ofrecía el mundo vegano, y una de las primeras propuestas que me vienen a la cabeza son los noquerones de calabacín. ¿Cómo puede algo tan sencillo estar tan rico?

Con la ayuda de un pelador, cortamos todo el calabacín en láminas finas.

Mezclamos el resto de los ingredientes en un recipiente hermético y bañamos las láminas en la mezcla, dejándolas reposar durante la noche.

Ahora solo tenemos que disfrutarlas como más nos apetezca tomarlas; con pan cortado son un entrante perfecto.

INGREDIENTES PARA 2 RACIONES

- 1 berenjena
- 3 cdas. de salsa de soja
- 1 cda. de limón
- 1 hoja alga nori
- 100 g de harina de garbanzos
- 25 ml de agua
- pan rallado

CALAMARES DE BERENJENA

Yo viví cinco de los mejores años de mi vida en Madrid. Mi primer hijo nació allí, y siempre voy a considerar la capital de España como un segundo hogar. Uno de mis sitios favoritos es la Plaza Mayor, donde hay un montón de sitios que venden el famoso bocadillo de calamares. Siempre me ha resultado muy curioso que una ciudad tan lejos del mar tenga fama por su bocadillo de molusco. En cualquier caso, si quieres replicar su sabor, esta opción con berenjena es perfecta.

Empezamos pelando las berenjenas y cortándolas en rodajas de 1 cm aproximadamente.

Usando algo como una tapa de un bote o con un cuchillo, con mucho cuidado, cortamos las rodajas en círculos para darles la forma a nuestros calamares.

Hervimos los aros durante 10 minutos con la salsa de soja, el limón y el alga nori.

Ahora, rebozamos las berenjenas con nuestra mezcla de harina de garbanzos y agua, que hace las veces del huevo, y después las pasamos por el pan rallado.

Las freímos en aceite bien caliente durante un par de minutos por cada lado y las dejamos sobre un papel de cocina para que se absorba el exceso de aceite.

Para servirlo, ¡metemos los calamares en un bocadillo con mayonesa vegana y un toque de limón!

VIEIRAS DE PALMITO

INGREDIENTES PARA 2 RACIONES

- 1 lata de palmitos
- 2 cdas. de mantequilla vegetal
- 1 cdta. de nori triturada
- sal y pimienta negra al gusto

Antes de mudarme a España, nunca había visto ni sabía que existieran los palmitos. Ahora, casi siempre guardo una lata en mi despensa para hacer recetas como esta, cuando quiero preparar algo un poco diferente o cocino para unos amigos que quieren comprobar la versatilidad que tiene el mundo vegetal.

Puede ser que esta sea una de las recetas más sencillas de este libro. Lo primero que debemos hacer es cortar los palmitos en círculos de 1 cm de grosor más o menos. Ya tenemos nuestras vieiras.

Vamos a rehogarlas en una sartén con un par de cucharadas de mantequilla vegetal y un poco de sal y pimienta.

Las freímos a fuego medio durante 3-4 minutos por cada lado, dejando que adquieran un toque dorado y crujientito.

Las espolvoreamos con la nori triturada y ¡listas para disfrutar de la manera que más te apatezcan!

noquerones
calamares de berenjena

vieiras de palmito

INGREDIENTES PARA 2 FILETES

- 2 filetes de coliflor (sacados de una coliflor grande)
- 1 cda. de pimentón ahumado
- 4 dientes de ajo aplastados
- 2 cdas. de mantequilla vegetal
- sal y pimienta al gusto
- 2 cdas. de AOVE

FILETE DE COLIFLOR

Probablemente esta sea la receta menos parecida a una versión cárnica de todo el libro, pero en internet se ha estado disfrutando/criticando/discutiendo sobre este manjar en los últimos años. Y para las personas que a lo mejor no sean muy fans de la coliflor, esta es una manera diferente y divertida para intentar incluirla en nuestras dietas.

Empezamos cortando la coliflor en filetes. Deberíamos poder sacar 2 buenos filetes del centro de una coliflor grande.

Ahora, sazonamos bien los filetes de coliflor con sal, pimienta y el pimentón por ambos lados. Luego, pintamos nuestros filetes con un poco de aceite de oliva virgen extra y los removemos a consciencia para que absorban bien los sabores.

Calentamos una sartén a fuego medio-alto y añadimos 2 cucharadas de aceite de oliva virgen extra.

Cuando esté caliente, colocamos los filetes de coliflor y presionamos un poco para que se sellen bien. Después de unos minutos, les damos la vuelta y freímos el otro lado hasta que estén dorados.

Aplastamos ligeramente los dientes de ajo y, junto con la mantequilla, rociamos los filetes para que se impregnen de sabor.

Una vez que los filetes estén cocidos y dorados, los retiramos de la sartén. Los servimos como más nos gusten, por ejemplo, con unas patatas fritas caseras y un poco de salsa de pimienta negra (receta en la página 223).

ALITAS DE COLIFLOR

INGREDIENTES PARA 4 RACIONES

- 1 coliflor
- 40 g de harina de trigo
- 40 g de maicena
- 1 cda. de zumo de limón
- 240 ml de leche vegetal
- 1 cdta. de cebolla en polvo
- 1 cdta. de ajo en polvo
- 1 cdta. de pimentón picante
- sal al gusto
- pan rallado para rebozar

PARA LA SALSA

- ¾ cdas. de sriracha
- 4 cdas. de salsa de soja
- 2 cdas. de vinagre de arroz
- 2 cdtas. de agave
- 4 cdas. de agua
- 4 dientes de ajo
- 2 cdas. de mantequilla vegetal
- cebollino fresco al gusto (opcional)
- semillas de sésamo al gusto (opcional)

Si sigue sin apetecerte probar la coliflor y no lo quieres intentar con la receta de los filetes, no te preocupes, ¡estoy seguro de que esta de alitas de coliflor puede ser el punto de inflexión que te transforme en un amante de la verdura!

Empezamos rompiendo la coliflor en piezas pequeñas para hacer las alitas.

En un vaso, mezclamos la leche vegetal con el zumo de limón para obtener una leche cuajada. Luego la añadimos a un bol con el resto de los ingredientes, menos el pan rallado. Amasamos la mezcla resultante.

Una por una mojamos las piezas de coliflor en la masa y después las rebozamos en el pan rallado.

Ahora, las metemos en el horno precalentado a 200 °C durante 20 minutos, les damos la vuelta y las dejamos 20 minutos más.

En otro bol, mezclamos todos los ingredientes para la salsa y la calentamos en una sartén hasta que espese.

Vertemos la salsa encima de las alitas y mezclamos todo muy bien.

Las servimos con un poco de cebollino fresco y semillas de sésamo por encima.

ALCACHOFISH & CHIPS

INGREDIENTES PARA 2 RACIONES

- 1 lata de alcachofas
- 1 chorrito de limón (opcional)
- 1 pizca de eneldo (opcional)
- salsa tártara vegana al gusto (opcional)

PARA EL REBOZADO SECO

- 100 g de harina
- 1 cdta. de sal
- 1 cdta. de eneldo
- 1 cda. de alga nori triturada

PARA EL REBOZADO HÚMEDO

- 120 g de harina de trigo
- 1 cdta. de sal
- 2 cdas. del líquido de los pepinillos
- cúrcuma
- 2 cdas. de zumo de limón
- 150 ml de agua con gas (o cerveza)

Estoy escribiendo esta receta desde la playa, y estar al lado del mar es sinónimo en Andalucía de ¡olor a pescaíto frito no muy lejos! La textura de la alcachofa, con un ligero rebozado con un toque de alga para darle ese sabor del mar, ¡es una alternativa vegana perfecta para disfrutar con tus amigos y un par de cervezas!

Abrimos la lata de alcachofas y las limpiamos en un colador con agua. Después las dejamos en un bol con agua durante media hora para intentar quitar un poco el sabor tan fuerte que tienen.

Mientras, preparamos las dos mezclas. Solo tenemos que añadir los ingredientes de cada una a un bol y mezclar muy bien. El hecho de triturar el alga nori e incorporarla en el rebozado potencia mucho el sabor.

Una vez que tenemos las dos mezclas, pasamos las alcachofas, cortadas por la mitad y un poco aplastadas, por la mezcla seca y después por la mezcla líquida, y las freímos hasta que estén doradas.

Las dejamos enfriar y las disfrutamos con un chorrito de limón, una pizca de eneldo y un poco de salsa tártara vegana (receta página 225).

LOBSTER ROLL

INGREDIENTES PARA 2 UNIDADES

- 1 lata de palmitos
- 4 cdas. de mayonesa vegana
- 1 tallo de apio cortado en dados
- ¼ de cebolla morada picada
- 1 cda. de cebollino
- 2 cdtas. de zumo de limón
- ½ cdta. de pimentón
- ¼ cdta. de mostaza en polvo
- una pizca de cayena
- sal al gusto
- pimienta negra al gusto
- 2 panes de perrito caliente
- 2 cdas. de mantequilla vegetal
- cebollino fresco al gusto (opcional)
- páprika al gusto (opcional)

Ya tenemos una versión de lobster rolls con seitán en el libro (en la página 58), pero si prefieres una opción sin seitán o simplemente no tienes tanto tiempo para prepararlo, ¡usar palmitos para la ensalada de cangrejo es la alternativa perfecta!

Sacamos los palmitos de la lata y los lavamos un poco; después, los rompemos en trocitos de varios tamaños, no tienen por qué ser uniformes.

Mezclamos el resto de los ingredientes en un bol. Luego añadimos los trozos de palmito y removemos para que se impregnen muy bien.

Abrimos el pan de perrito por arriba en lugar de por los laterales y lo tostamos un poco por dentro. Lo pintamos un poco con mantequilla vegetal y lo tostamos también por fuera.

Rellenamos los panes con la mezcla y terminamos espolvoreando un poco de cebollino fresco y páprika.

ATÚN DE TOMATE

INGREDIENTES PARA 12 CORTES DE SASHIMI

- 4 tomates
- 3 cdas. de salsa de soja
- 1 cda. de salsa teriyaki
- 3 cdas. de aceite neutro
- 1 diente de ajo
- 1 cdta. de jengibre en polvo
- 1 cdta. de cayena en polvo
- 1 hoja de nori triturada

Es impresionante comprobar lo versátiles que son las verduras, ¿verdad? El hecho de que podamos hacer sashimi, como si fuera atún, sustituyéndolo por tomates, es una buena prueba de ello. Si estás buscando algo fresco y fácil, pero llamativo a la vez, este tartar de tomate es perfecto para ti.

Cortamos una X en la parte superior de los tomates y los hervimos durante 3 minutos. Los pasamos a un bol grande con agua helada para que se enfríen. Eso va a ayudarnos a quitar la piel.

Mientras se están enfriando, preparamos el marinado mezclando el resto de los ingredientes en un bol.

Pelamos los tomates y los cortamos en 4. Les quitamos las semillas y tendremos la forma de un filete de pescado.

Los pasamos a un recipiente y añadimos el marinado. Los dejamos marinar durante, por lo menos, 1 hora, pero si podemos más tiempo, mucho mejor.

Lo servimos encima de arroz como sashimi o cortado en dados para hacer un tartar con aguacate por debajo.

INGREDIENTES PARA 4 RACIONES

- ½ sandía
- 3 cdas. de salsa de soja
- 1 cda. de salsa teriyaki
- 3 cdas. de aceite neutro
- 1 diente de ajo
- 1 cdta. de jengibre
- 1 cdta. de cayena
- 1 hoja de nori triturada
- 4 cdas. de sésamo

ATÚN DE SANDÍA

Me sigue alucinando que podamos hornear sandía y que su textura cambie tanto que podamos utilizarla como si fuera un filete de atún. Me han preguntado si mantiene el sabor dulce tan característico, pero, te lo juro, después de haberse cocinado con el marinado, es algo completamente distinto.

Empezamos cortando la sandía en forma de filetes de atún, de un par de centímetros de grosor más o menos. Podemos cortarla de la forma que más nos guste. A mí me gusta en filete.

Mezclamos el resto de los ingredientes en un bol y bañamos la sandía en la mezcla. La dejamos marinar durante 1 hora.

Transcurrido ese tiempo, vamos a hornear la sandía a 180 °C durante 40 minutos, ¡ya verás cómo cambia la textura!

Antes de servirla, podemos pasarla por la plancha o sartén rápidamente con un poco del adobo.

Pasamos los filetes por el sésamo y los cortamos del modo que nos guste más.

INGREDIENTES PARA 2 RACIONES

- 4 zanahorias
- 100 ml de agua
- 100 ml de salsa de soja
- 2 cdas. de vinagre de arroz
- 1 cdta. de cebolla en polvo
- 1 cdta. de ajo en polvo
- 1 cdta. de pimienta negra
- 1 cdta. de pimentón
- 1 cda. de aceite

CURRYWURST DE ZANAHORIA

Recuerdo la primera vez que vi freír estas salchichas de zanahorias, hace ya muchos años, y pensé: ¿cómo puede ser? Hará cosa de dos que empecé yo a prepararlas y te juro que es la mejor manera de aprovechar las zanahorias que están muertas de risa en tu nevera, y también de introducir más verduras en las dietas de esas personas que no son muy fans de ellas.

Para empezar, pelamos las zanahorias y redondeamos las puntas para que parezcan salchichas.

Añadimos las zanahorias a una olla y las hervimos durante aproximadamente 10 minutos, hasta que se ablanden un poco. Queremos poder pincharlas con un tenedor, pero sin que estén demasiado blandas.

Mezclamos el resto de los ingredientes en un táper e incorporamos las zanahorias. Las dejamos marinar en la nevera durante 24 horas.

Al día siguiente, pasamos las salchichas por la sartén con un poco de aceite y una cucharada del marinado durante 5 o 6 minutos a fuego medio, ¡y listas!

Para disfrutar de una auténtica currywurst, simplemente tenemos que cortar las salchichas en rodajas, cubrirlas con la salsa de curri (receta en la página 228) y acompañarlas de unas patatas fritas recién hechas.

LEGUM

MBRES

LENTEJAS

UN POCO DE TEORÍA

Cuando la gente me pregunta: «¿Qué debería comer si estoy haciendo la transición al veganismo?», casi siempre contesto lo mismo: «¡Legumbres!».

Pero ¿por qué? Pues porque es probable que las legumbres ya formen parte de tu dieta. Son la base de una gran cantidad de platos tradicionales como guisos, sopas y ensaladas, que seguramente incluyas en las comidas de la semana. Muchas personas se sorprenden cuando les digo que el plato favorito de mi hijo de cuatro años es el puchero de su abuela. No solo por el hecho de tratarse de un niño de cuatro años, sino porque presuponen que un guiso tiene que llevar carne, algo que no es así. Con un buen sofrito, caldo vegetal y las legumbres que más te gusten, puedes preparar esos platos de toda la vida, 100% vegetales, echando mano de alimentos que seguro que tienes en tu despensa.

Vamos a enumerar las legumbres que vamos a usar en este libro y sus beneficios.

Las lentejas pueden variar de color, las más comunes tiene tonos marrones, verdes, rojos y amarillos, y son un alimento básico en muchas cocinas de todo el mundo, especialmente en la India y en países de Oriente Medio.

Usos

- Son muy versátiles en la cocina y se utilizan en sopas, guisos, ensaladas y como acompañamiento de platos principales. También pueden ser la base para preparaciones como las lentejas estofadas, las hamburguesas o las albóndigas.

Beneficios

- Son ricas en proteínas vegetales, fibra, hierro y folatos. Son saciantes, mejoran la digestión y contribuyen a mantener niveles saludables de azúcar en sangre. Además, son bajas en grasas, lo que las convierte en un alimento ideal para quienes buscan cuidar su peso y su salud cardiovascular.

ALUBIAS

También conocidas como «frijoles» o «judías», las alubias las encontramos en una amplia variedad de colores y tamaños, incluyendo, entre otras muchas, las blancas, negras, rojas y pintas.

Usos

- Se emplean por lo general en sopas, guisos, ensaladas y chilis. También son un componente clave en recetas tradicionales de muchas culturas, como la feijoada brasileña, el cassoulet francés y el chili con carne en América del Norte.

Beneficios

- Son una buena fuente de proteínas, fibra, hierro, potasio y antioxidantes. Consumir alubias puede mejorar la salud digestiva, ayudar a regular los niveles de azúcar en la sangre y reducir el riesgo de enfermedades del corazón. Además, su alto contenido en fibra promueve una buena salud intestinal.

GARBANZOS

Los garbanzos son un ingrediente básico en las cocinas de Oriente Medio, la India y el Mediterráneo.

Usos

- Se utilizan para preparar hummus, falafel, ensaladas, sopas y curris. Los garbanzos también pueden tostarse y consumirse como un snack saludable. Son una excelente base para purés y cremas, y se usan en recetas como el famoso plato de garbanzos con espinacas.

Beneficios

- Son ricos en proteínas, fibra, vitaminas del grupo B, hierro, fósforo y magnesio. Ayudan a mantener la sensación de saciedad, a mejorar la digestión y a reducir los niveles de colesterol. También son beneficiosos para la salud ósea y para controlar la presión arterial.

SOJA

La soja es una legumbre originaria de Asia, un cultivo muy común por sus semillas ricas en proteínas y aceite. La encontramos en varias formas, como soja verde (edamame), soja amarilla y soja negra.

Usos

- Se utiliza en una variedad de productos como el tofu, la leche de soja, el tempeh, el miso y la salsa de soja. Es un ingrediente clave en la cocina asiática y, por supuesto, en la elaboración de alimentos veganos.

Beneficios

- La soja es una fuente completa de proteínas, lo que significa que contiene todos los aminoácidos esenciales. Es rica en ácidos grasos omega-3, antioxidantes y fitoestrógenos, que son compuestos naturales que pueden ayudar a equilibrar las hormonas. Su consumo se asocia con beneficios para la salud del corazón, la prevención de ciertos tipos de cáncer y el alivio de los síntomas de la menopausia.

TEMPEH

El tempeh es un producto fermentado de soja que tiene su origen en Indonesia. A diferencia del tofu, el tempeh es más denso y tiene un sabor que recuerda a la nuez, debido a la fermentación, que lo hace más digerible y añade un perfil nutricional completo.

Usos

- Se utiliza como sustituto de la carne en una amplia variedad de platos, como pueden ser salteados, sándwiches, ensaladas y guisos. ¡Ahora veremos unos ejemplos!

Beneficios

- Es una excelente fuente de proteínas, fibra, hierro, calcio y vitamina B12. La fermentación del tempeh aumenta la biodisponibilidad de los nutrientes y beneficia la salud digestiva, ya que introduce probióticos en la dieta. Además, puede ayudar a reducir el colesterol y mejorar la salud ósea.

¿Entendido? *Great!*

CARNE PICADA DE NUECES

INGREDIENTES PARA 6 RACIONES

- 200 g de nueces
- ½ cebolla blanca
- 1 cdta. de comino
- 1 cdta. de pimentón
- 1 cdta. de ajo en polvo
- 1 cdta. de cayena
- 2 cdas. de AOVE
- 2 cdtas. de salsa de soja

Las nueces son un alimento que ayuda a mejorar la salud de nuestros corazones, cerebros, estómagos, y a prevenir el cáncer, pero para muchas personas comerlas sin más puede resultar aburrido. Usarlas como una alternativa para la carne picada es una manera de introducirlas en nuestras dietas a la vez que reducimos el consumo de carne.

Empezamos poniendo las nueces en remojo durante 20 minutos. Mientras, vamos picando la cebolla.

Después de 20 minutos, vamos a meter todos los ingredientes en una trituradora y con la función «pulse» los trituramos dos veces. Durante el proceso, hay que vigilar que no nos queden como un puré, porque lo que necesitamos es que la mezcla mantenga una textura como de carne picada. Debemos, pues, evitar que los ingredientes queden pulverizados.

Ahora tenemos la opción de pasar la mezcla por la sartén con un poco de AOVE y unas verduras, pero yo prefiero comerla tal cual, crudivegana. También podemos montar unos tacos y usarla como topping en una pizza o en una ensalada.

INGREDIENTES PARA 4 RACIONES

- 150 g de soja texturizada
- 180 ml de agua
- 1 cda. de salsa de soja
- 1 cda. de pimentón dulce
- 1 cdta. de vinagre
- ½ cdta. de sal
- ½ cdta. de pimentón picante
- ½ cdta. de cayena
- 1 cda. de aceite

SOYRIZO

Una de las maneras más fáciles de usar la soja texturizada es como relleno para burritos, tacos ¡o encima de unos nachos bien ricos! En esta versión, vamos a sazonarla como si fuera chorizo, pero al estilo mexicano.

Simplemente, tenemos que hervir el agua y verterla en un bol con el resto de los ingredientes, salvo la soja texturizada. Lo mezclamos todo muy bien para hacer un caldo.

Ahora, añadimos la soja texturizada y removemos todo muy bien. Dejamos reposar la mezcla durante 10 minutos.

En una sartén con un poco de aceite, freímos la soja a fuego medio con lo que queda del caldo, durante 5 minutos para que el exceso de líquido se evapore.

Y, así de fácil, ya tenemos el soyrizo listo para acompañar nuestros platos como más nos apetezca.

FALAFEL

INGREDIENTES PARA 12 UNIDADES

- 400 g de garbanzos secos
- 20 g de perejil fresco
- 10 g de eneldo fresco
- 10 g de cilantro fresco
- 1 cebolla picada
- 1 cdta. de cilantro en polvo
- 1 cdta. de comino
- 6 dientes de ajo
- 1 cdta. de sésamo
- 1 cdta. de bicarbonato
- sal y pimienta al gusto

Esta croqueta árabe es la mejor amiga de los veganos que buscan algo rápido para comer en cualquier lugar del mundo. La cantidad de veces que, en un viaje, de repente, se me había pasado la hora de comer y he acabado disfrutando de un falafel en uno de los miles de sitios que los venden, es impresionante. Y no solo son una opción muy válida porque puedes encontrarlos en cualquier sitio de kebab, sino también porque están riquísimos y son muy fáciles de hacer en casa.

Empezamos dejando los garbanzos en remojo durante 24 horas.

Después de esas 24 horas, los secamos y los añadimos a una trituradora con el perejil, el eneldo, el cilantro, la cebolla, los ajos y las especias. Trituramos hasta que todo esté bien incorporado. Ya tenemos la masa de los falafels.

La pasamos a un recipiente y lo refrigeramos durante 1 hora por lo menos.

Transcurrida esa hora, sacamos nuestra mezcla y empezamos a formar los falafels como más nos gusten. Algunas personas los prefieren con forma de croqueta, y otras, de bolitas.

Los freímos en una sartén durante 5 minutos (2 minutos y medio por cada lado) o hasta que el exterior del falafel esté bien doradito. Los dejamos enfriar un poco en un plato con papel de cocina para que absorba el exceso de aceite, ¡y listos! Podemos acompañarlos con pan de pita y hummus, salsa de tahini, con ensalada ¡o simplemente solos!

INGREDIENTES PARA 2 VIG MAC

- 400 g de alubias rojas
- 200 g de arroz integral
- 1 cebolla blanca picada
- 150 g de pan rallado
- 2 cdas. de kétchup
- 2 cdas. de pimentón
- 1 cdta. de sal
- 1 cdta. de comino
- 4 lonchas de queso vegano
- 3 panes de hamburguesa
- salsa Vig Mac (página 228)
- pepinillos al gusto
- cebolla roja al gusto
- lechuga al gusto

VIG MAC

En este libro ya hemos preparado una versión de una hamburguesa de una cadena muy famosa que tiene un payaso como imagen (página 119). Ahora, usando alubias rojas, vamos a veganizar probablemente la hamburguesa más famosa del mundo que viene de la misma cadena.

En una trituradora vertemos las alubias, el arroz, la cebolla blanca, el pan rallado, el kétchup y las especias, y trituramos hasta que todos los ingredientes estén bien integrados.

Hacemos hamburguesas con la masa y las freímos en una sartén. Las aplastamos bien. Les damos la vuelta un par de veces. Al final, con el fuego bajo, ponemos una loncha de queso por encima de la hamburguesa y tapamos hasta que se derrita.

Para montar la hamburguesa, vamos a hacerlo en este orden: empezamos con la parte inferior del pan de burger, lechuga picada, salsa, burger y cebolla roja; seguimos con otra parte inferior de pan de burger, salsa, lechuga, pepinillos, burger y cebolla, y coronamos con otro pan de burger.

ALBÓNDIGAS CON TOMATE

Hay pocos platos tan reconfortantes como unas albóndigas con tomate. Estas albóndigas, hechas con lentejas cocidas y servidas con una salsa de tomate casera, son uno de los favoritos de toda la familia.

INGREDIENTES PARA 12 UNIDADES

PARA LAS ALBÓNDIGAS

- 400 g de lentejas cocidas
- 1 cebolla blanca picada
- 2 zanahorias picadas
- 4 dientes de ajo picados
- ½ cdta. de orégano
- ½ cdta. de perejil
- ½ cdta. de romero
- 1 cdta. de salsa de soja
- 2 cdas. de aquafaba batido
- 3 o 4 cucharadas de pan rallado

PARA LA SALSA

- 1 cebolla picada
- 2 dientes de ajo picados
- 1 cda. de AOVE
- 1 pimiento verde (o rojo) picado
- 400 g de tomate triturado
- 2 cdas. de tomate concentrado
- 120 ml de caldo vegetal
- ½ cdta. de orégano
- ½ cdta. de albahaca
- sal y pimienta al gusto

Empezamos sofriendo la cebolla, las zanahorias y los ajos durante 5 minutos o hasta que las zanahorias se ablanden un poco.

Añadimos el sofrito a un bol e incorporamos las lentejas, las especias y la salsa de soja. Aplastamos todo un poco con un mortero o un tenedor.

Ahora echamos el aquafaba y el pan rallado, y lo mezclamos todo junto.

Formamos las albóndigas con las manos. Las freímos en la sartén con un poco de AOVE durante 10 minutos. Les damos la vuelta cada par de minutos hasta que estén hechas. Las reservamos.

Para preparar la salsa, sofreímos la cebolla y el ajo en el AOVE durante 5 minutos. Luego añadimos el pimiento y lo cocinamos todo durante un par de minutos más.

Agregamos el tomate triturado y el tomate concentrado, lo mezclamos muy bien. Por último, echamos las especias y el caldo vegetal, y lo dejamos cocinar a fuego lento durante 20 minutos.

Echamos las albóndigas a la sartén para que se calienten durante unos minutos con la salsa, ¡y listo!

INGREDIENTES PARA 8 RACIONES

- 500 g de soja texturizada
- 150 g de nueces
- 400 g de alubias rojas
- 1 cebolla amarilla picada
- 2 zanahorias cortadas en dados
- 6 dientes de ajo picados
- 2 o 3 chiles rojos picados (podemos reducirlos u omitirlos, dependiendo de nuestra tolerancia al picante)
- 800 g de tomate triturado
- 2 cdtas. de cilantro en polvo
- 2 cdtas. de cayena
- 2 cdtas. de orégano
- 2 cdtas. de comino
- 1 cda. de pimentón
- 4 cdas. de salsa de soja
- 400 ml de agua
- sal al gusto
- 1 cda. de AOVE

CHILI SIN CARNE

Para ser un chico nacido en el campo escocés, es curioso que comiera tanto chili sin carne en mi infancia y también durante mi adolescencia. Incluso más curioso todavía es que mi madre, que siempre hizo este plato por lo menos una vez a la semana, costumbre que mantiene hoy día, no tenga ninguna conexión con su país de origen, México. A lo mejor hay que buscar la explicación en que es una manera muy rica de comer legumbres y verduras, y, además, podemos preparar una olla grande para disfrutar en familia o con amigos.

Empezamos echando la soja texturizada en un bol con agua caliente durante 20 minutos. Luego, la escurrimos bien y nos aseguramos de eliminar toda el agua sobrante.

Ahora, procesamos las nueces hasta que queden del tamaño de unas migas grandes de pan, sin llegar a pulverizarlas.

En una olla grande, salteamos la cebolla y la zanahoria con un chorrito de aceite de oliva hasta que estén transparentes.

Añadimos el ajo picado y el chile, y cocinamos un par de minutos más. Incorporamos las nueces picadas, la soja texturizada y la salsa de soja, y lo mezclamos todo bien.

Agregamos el tomate triturado junto con la cayena, el comino, el cilantro en polvo, el pimentón, el orégano y el agua.

Ponemos la olla a fuego lento y cubrimos parcialmente con una tapa. Cocinamos durante 40 minutos. Removemos a menudo a para que el fondo no se pegue.

Transcurridos 30 minutos, revisamos la consistencia. Si el chili ha espesado y reducido a nuestro gusto, es el momento de añadir las alubias.

Lo dejamos cocinar sin tapa durante otros 10 o 15 minutos, hasta que estén calientes y el chili haya espesado según nuestro gusto.

Servimos caliente, como nos guste más: con arroz, en un burrito o encima de unos nachos con guacamole y queso vegano.

INGREDIENTES HÚMEDOS PARA 6 RACIONES

- 250 ml de agua
- 2 cdas. de salsa de soja
- 1 cda. de sirope de arce

INGREDIENTES SECOS PARA 6 RACIONES

- 100 g de soja texturizada
- 1 cda. de levadura nutricional
- 2 cdtas. de ajo en polvo
- 2 cdtas. de cebolla en polvo
- 3 cdtas. de hierbas provenzales
- 1 cdta. de pimentón
- 1 cdta. de pimienta negra

SAUSAGE CRUMBLES
(CON SOJA TEXTURIZADA)

Recibo una cantidad enorme de mensajes de personas que me preguntan por recetas que puedan elaborar usando la soja texturizada. Probablemente han visto una bolsa en el supermercado y han pensado: «Voy a ver qué puedo hacer con esto», y meses después, la bolsa sigue sin abrir en la despensa, muerta de risa. Estos sausage crumbles *que te propongo son muy fáciles de trabajar y funcionaban muy bien como topping en una pizza si quieres añadir proteína en un plato de pasta o para aportar un toque crujiente a tu ensalada.*

Preparamos una bandeja de horno con papel vegetal y precalentamos el horno a 220 °C.

En una olla, mezclamos los ingredientes húmedos: el agua, la salsa de soja y el sirope de arce. Calentamos a fuego medio hasta que la mezcla comience a hervir.

Mientras tanto, en un bol aparte, combinamos los ingredientes secos: la soja texturizada, la levadura nutricional, el ajo en polvo, la cebolla en polvo, las hierbas provenzales, el pimentón y la pimienta negra.

Añadimos los ingredientes secos a la olla con los ingredientes húmedos, bajamos el fuego y removemos bien.

Tapamos la olla y dejamos cocinar a fuego bajo durante 5 minutos o hasta que todo el líquido se haya absorbido.

Transferimos la mezcla a la bandeja de horno que tenemos preparada y horneamos durante 20 minutos o hasta que las sausages estén crujientes, listas para saborear de la manera que más te apetezca.

SHEPHERDESS PIE

INGREDIENTES PARA 8 RACIONES

PARA EL PURÉ DE PATATAS

- 1 kg de patatas
- 60 ml de leche vegetal
- 2 cdas. de mantequilla vegana
- sal y pimienta negra al gusto

PARA EL RELLENO

- 1 cebolla picada
- 2 dientes de ajo picados
- 2 zanahorias medianas picadas
- 1 cdta. de cebolla en polvo
- 1 cdta. de tomillo seco
- 1 cdta. de romero seco
- 1 cdta. de azúcar
- 2 cdas. de tomate concentrado
- 2 cdas. de salsa de soja
- 400 g de lentejas cocidas
- un puñado de guisantes
- un puñado de maíz
- 50 ml de caldo vegetal
- 50 ml de vino tinto
- 1 cda. de aceite

Este era uno de los platos que más repetíamos cuando era niño. Ahora que soy padre, entiendo muy bien por qué, y es que contiene muchas verduras y proteínas, y es muy saciante, capaz de llenar los estómagos de una familia entera. En casa, siempre hemos llamado la versión sin carne shepherdess pie *para distinguirla de la versión tradicional, ¡así que aquí también usamos este título!*

Pelamos y troceamos las patatas y las cocinamos a fuego medio durante unos 15 minutos o hasta que estén blandas.

Las escurrimos y las devolvemos a la olla, añadimos la mantequilla vegana, la leche vegetal, la pimienta negra y la sal al gusto, y machacamos las patatas con un machacador.

Ahora calentamos un poco de aceite en una sartén a fuego medio y añadimos la cebolla, el ajo, la zanahoria y todas las especias. Freímos durante unos 3 minutos.

Luego incorporamos el tomate concentrado y la salsa de soja, y mezclamos todo bien. Después, agregamos las lentejas cocidas, el maíz y los guisantes, y vertemos el vino tinto y el caldo de verduras. Llevamos a ebullición y dejamos que hierva a fuego lento durante unos 5 minutos, hasta que se reduzca un poco.

Colocamos la mezcla de lentejas en una fuente para hornear. Luego untamos el puré de patatas sobre la mezcla y lo distribuimos uniformemente.

Horneamos durante unos 15 minutos con el horno precalentado a 200 °C y luego usamos el grill del horno durante unos minutos para que la parte superior quede dorada.

TEMPEH BEICON

El tempeh es otra fuente rica en proteína vegetal que muchas personas no saben usar. Como muchos veganos buscan alternativas al beicon, ¿por qué no solucionamos estos dos problemas con este tempeh beicon?

INGREDIENTES HÚMEDOS PARA 6 RACIONES

- 200 g de tempeh
- 50 ml de salsa de soja
- 50 ml de sirope de arce
- 2 cdas. de vinagre de manzana
- 1 cdta. de pimentón
- ½ cdta. de pimienta negra
- ½ cdta. de comino
- 1 cda. de aceite

Esta receta es supersencilla: solo tenemos que cortar el tempeh en láminas de aproximadamente ½ cm de grosor.

Cuando ya tengamos nuestras láminas de tempeh, mezclamos el resto de los ingredientes en un recipiente hermético.

Después dejamos el tempeh marinar en la mezcla durante un par de horas para que coja todo el sabor.

Ahora pasa nuestro beicon por la sartén con un poco de aceite y un par de cucharadas del marinado y cocínalo por ambos lados durante un par de minutos.

TUNA MAYO

INGREDIENTES PARA 4 RACIONES

- ½ bote de garbanzos
- 1 lata de palmitos
- 5 o 6 pepinillos y 1 cda. de su líquido
- 1 tallo de apio picado
- ¼ de una cebolla roja picada
- 1 cdta. de alcaparras y 1 cda. de su líquido
- nori al gusto
- 80 g de mayonesa vegana
- 2 cdas. de salsa de soja
- 1 cdta. de ajo en polvo

Aunque ya hemos hablado un poco de lo que solía almorzar cuando estudiaba en el instituto cuando hemos preparado el huevo mayo, quiero añadir aquí que la mayoría de mis amigos escogía ensalada de atún como relleno para sus bocadillos. Algunas personas llaman a los garbanzos «el atún de la tierra», y cuando pruebes esta ensalada ¡vas a entender por qué!

Añadimos los palmitos y los garbanzos al procesador. No tenemos que procesar en exceso, porque queremos que tenga una textura, si no, sería una pasta. Si no tienes un procesador, puedes usar un tenedor para machacarlos.

A continuación transferimos la mezcla a un bol grande y añadimos el resto de los ingredientes, mezclándolo todo bien.

Vamos a dejar que nuestro atún repose en la nevera durante media hora para que se impregne de todo el sabor posible.

Ahora tenemos nuestro atún listo para disfrutar de la manera que más nos guste: entre panes, con patata asada ¡o simplemente a cucharadas!

INGREDIENTES HÚMEDOS PARA 6 RACIONES

- 400 g de espaguetis o tagliatelle cocinados según las instrucciones del paquete
- 1 cebolla picada
- 4 dientes de ajo picados
- 2 cdtas. de orégano seco
- 1 cdta. de sal
- 1 cdta. de pimienta negra
- 150 g de tomate concentrado
- 100 ml de vino tinto
- 750 ml de caldo vegetal
- 200 g de lentejas cocidas
- 40 g de nueces picadas finitas
- 400 g de tomate troceado
- 1 cda. de vinagre balsámico de calidad
- 2 cdas. de AOVE
- perejil al gusto (opcional)
- albahaca picada al gusto (opcional)
- queso vegano al gusto (opcional)

BOLOÑESA DE LENTEJAS O SOJA

No hay muchos platos que sienten tan bien como una boloñesa. En vez de usar la carne picada, hay muchas maneras de veganizarla, por ejemplo, con soja, tofu o simplemente añadiendo más verduras. Aquí vamos a utilizar lentejas para darle un poco más de cuerpo a nuestra boloñesa ¡y un chute de proteína también!

Calentamos una sartén honda a fuego medio-alto. Añadimos un par de cucharadas de aceite de oliva y cocinamos la cebolla con un poco de sal durante unos 5 minutos. Añadimos unas cucharadas de agua para desglasar la sartén y removemos. Dejamos que la cebolla se cocine hasta que esté translúcida.

Ahora, añadimos el ajo y el orégano, la sal y la pimienta, y removemos. Un par de minutos después, incorporamos el tomate concentrado y cocinamos la mezcla durante 2 o 3 minutos hasta que se caramelice y adopte un color rojo más oscuro. Vertemos el vino tinto en la sartén para desglasar, raspamos los restos dorados. Cocinamos durante 1 o 2 minutos, hasta que el alcohol se haya evaporado y la mezcla haya espesado. Añadimos el caldo para desglasar de nuevo la sartén, removemos los restos del fondo y mezclamos el caldo con la pasta de tomate. Incorporamos las lentejas y las nueces, y removemos bien.

Calentamos la mezcla hasta que hierva, luego bajamos el fuego a medio-bajo para mantener un hervor suave durante 20 minutos. Removemos ocasionalmente.

Añadimos los tomates troceados y dejamos cocinar a fuego lento durante otros 15 o 20 minutos.

Probamos la boloñesa. Si es necesario rectificamos de sal y pimienta, y terminamos con el vinagre balsámico. Mezclamos bien. Decoramos con perejil, albahaca picada y un poco de queso vegano por encima.

HAGGIS

INGREDIENTES PARA 8 RACIONES

- 150 g de quinoa
- 450 ml de caldo vegetal
- 50 g de avena
- 400 g de garbanzos
- 100 g de castañas
- 50 g de avellanas
- 2 cebollas picadas
- 2 zanahorias ralladas
- 1 cdta. de tomillo
- 1 cdta. de ajo en polvo
- 1 cdta. de romero
- ½ cdta. de nuez moscada
- 2 cdtas. de zumo de limón
- 2 cdas. de salsa de soja

Os presento el plato nacional de Escocia. Aunque la versión tradicional no es para nada vegana (se hace con asaduras de oveja o cordero y se cocina en el estómago del animal), ¡nuestra opción vegana es una réplica muy digna y llena de sabor!

Cocinamos la quinoa en el caldo hasta que se haya absorbido todo el líquido. La removemos con la ayuda de un tenedor, añadimos la avena y mezclamos a fondo.

En un bol, machacamos los garbanzos muy bien, introducimos las avellanas picadas y las castañas desmenuzadas.

Ahora tenemos que sofreír la cebolla y las zanahorias durante 10 minutos o hasta que estén blandas.

Añadimos las especias, la salsa de soja y el zumo de limón, y mezclamos todo bien para que se integren.

En el cuenco más grande de los que hemos usado, vertemos las tres mezclas y mezclamos todo muy bien. Ahora la pasamos a un molde grande, que cubrimos con papel de aluminio, y metemos en el horno precalentado a 180 °C durante 20 minutos.

Después de 20 minutos, quitamos el aluminio y lo dejamos cocinar durante 15 o 20 minutos más.

Servimos con puré de patatas y nabo (*neeps and tatties!*) y una salsa whisky (ver la receta en la página 229).

FAUX GRAS

INGREDIENTES HÚMEDOS PARA 10 RACIONES

- 150 g de aceite de coco desodorizado
- 150 g de anacardos
- 100 g de nueces
- 100 g de castañas cocidas
- 1 cebolla picada
- 3 dientes de ajo picados
- 3 cdas. de salsa de soja
- 2 cdas. de AOVE
- 40 ml de vino blanco
- 1 cdta. de sal
- 1 cdta. de pimienta
- 1 pizca de nuez moscada
- 1 pizca de cilantro molido
- 2 pizcas de cúrcuma

Siempre había oído hablar del foie-gras y de cómo se hace, pero nunca llegué a investigar a fondo. Sin embargo, cuando me enteré de cómo se elabora, entendí por qué solo cinco de los veintisiete países de la Unión Europea permiten su producción. Con esta versión 100% plant-based, no tenemos que preocuparnos por su origen, sino simplemente disfrutarlo.

Vamos a dejar en remojo las nueces y los anacardos durante toda la noche.

Cocinamos la cebolla y el ajo a fuego lento con las 2 cucharadas de AOVE.

Colocamos todos los ingredientes (excepto el aceite de coco) en el procesador de alimentos y mezclamos hasta obtener un puré bien suave.

Cuando la mezcla esté homogénea, añadimos el aceite de coco previamente derretido.

Vertemos la mezcla en una terrina o la repartimos entre varias.

Si queremos imitar el color amarillo del foie-gras auténtico, aquí está el truco: derretimos 2 cucharadas de aceite de coco con 2 pizcas de cúrcuma y las vertemos sobre la terrina.

Refrigeramos al menos 6 horas antes de degustar.

TANTANMEN

INGREDIENTES PARA 2 RACIONES

PARA LA CARNE

- 200 g de soja texturizada
- 200 ml de agua
- 2 cdas. de salsa de soja
- 2 cdas. de sriracha
- 1 cdta. de ajo en polvo
- 1 cdta. de jengibre en polvo
- 1 cda. de aceite

PARA EL CALDO

- 2 cebolletas
- 2 dientes de ajo picados
- 2 cdas. de tahini
- 1 cda. de crema de cacahuete
- 1 cda. de aceite de sésamo
- 1 cda. de sriracha
- 500 ml de caldo vegetal
- 250 ml de leche vegetal
- 2 packs de ramen instantáneos
- 1 bok choy
- un manojo de espinacas
- 1 cda. de semillas de sésamo
- 1 cda. de aceite de sésamo

Tantanmen es una versión de los dandan noodles, *pero japonesa en lugar de china. Con este plato conseguirás un ramen muy cremoso, muy versátil, al que le puedes añadir las verduras que quieras y jugar con el nivel de picante. Vamos a prepararlo con soja texturizada, estilo carne de cerdo picado.*

Empezamos preparando la carne. Hervimos el agua y la vertemos en un bol junto con la soja texturizada. Dejamos en remojo durante 10 minutos.

Añadimos el resto de los ingredientes y mezclamos todo muy bien.

En una sartén con un poco de aceite, freímos la mezcla de soja a fuego medio durante 5 minutos o hasta que el exceso de líquido se haya evaporado.

Ahora toca cocinar los noodles según las instrucciones del paquete.

Escaldamos el bok choy y las espinacas, y los dejamos en boles aparte como hemos hecho con los noodles y la soja, hasta que montemos el plato después.

Calentamos un poco de aceite en una sartén a fuego medio-alto, añadimos las cebolletas picadas y las sofreímos durante un par de minutos. Agregamos el ajo y sofreímos.

Incorporamos el tahini, la crema de cacahuetes, la sriracha y la salsa de soja, y removemos muy bien para que se mezcle todo.

Ahora, vertemos la leche vegetal y el caldo, y lo llevamos a ebullición, apagamos el fuego, tapamos la olla y lo dejamos reposar durante 10 minutos.

Para montar el tantanmen, ponemos los noodles en un bol, con la carne de soja, el bok choy y las espinacas por encima. Rociamos el caldo y terminamos con una guarnición de más cebolleta picada, semillas de sésamo y un poco de aceite de sésamo.

INGREDIENTES HÚMEDOS PARA 12 UNIDADES

- 400 g de garbanzos y su aquafaba
- 100 g de avena
- 100 g de panko
- 2 cdas. de sal
- 2 cdas. de ajo en polvo
- 2 cdas. de cebolla en polvo

NUGGETS DE GARBANZOS

Si quieres introducir más legumbres en la dieta de tus niños (¡o la tuya, eh!), estos nuggets de garbanzos son the real deal.

Empezamos tostando nuestro panko durante 5 minutos en el horno precalentado a 200 °C, para que tengamos un pan rallado bien dorado.

Para preparar los nuggets, vamos a usar la avena y el aquafaba de la legumbre. Lo primero será triturar la avena hasta obtener una textura como de harina.

A continuación, abriremos nuestro bote de garbanzos y, con la ayuda de un colador, los colaremos. Guardamos el aquafaba en un recipiente aparte. Lavamos bien los garbanzos y los pasamos por una procesadora de comida con la sal, el ajo y la cebolla en polvo. Trituramos hasta obtener una mezcla bastante desmenuzada.

Batimos el aquafaba con una varita hasta que empieza a hacer espumita. Entonces la añadimos a nuestra procesadora con los garbanzos y la avena, y trituramos hasta obtener una masa manejable con la que dar forma a nuestros nuggets.

Formamos los nuggets y los pasamos por el panko. Los horneamos a 200 °C durante 20 minutos o hasta que estén dorados.

Los disfrutamos con nuestra salsa favorita. A mí me encantan con salsa BBQ (ver la receta en la página 229).

SALSAS

SAZONA

DIPS Y
DORES

UN POCO DE TEORÍA

No podemos negar que la estrella de prácticamente cualquier plato es el ingrediente principal. Como decimos en inglés: *«It does the heavy lifting»*, hace el trabajo pesado. Pero siempre podemos ayudar a que nuestra estrella brille un poquito más, y por eso tenemos salsas, dips y sazonadores. Ya hemos utilizado algunos en este libro, pero aquí os doy las recetas y algunas ideas de platos donde podemos usarlos.

SALSA DE PIMIENTA NEGRA

INGREDIENTES PARA 6 RACIONES

- 1 cda. de mantequilla vegetal
- 2 dientes de ajo picado
- 250 ml de caldo vegetal
- 200 ml de leche de coco
- 5 cdtas. de pimienta negra
- 2 cdas. de salsa de soja

Sofreímos los ajos en una sartén con la mantequilla. Cuando empiecen a dorar, añadimos el caldo y lo dejamos a fuego medio durante 5 minutos.

Ahora que el líquido ha reducido un poco, incorporamos la leche de coco, la salsa de soja y la pimienta negra. Removemos todo bien y lo dejamos cocinar durante 10 minutos, hasta que tengamos una salsa más espesa.

Podemos usar esta salsa con muchas de las carnes vegetales que hemos visto en este libro, pero va de lujo con el chuletón de seitán (página 33).

GRAVY

INGREDIENTES PARA 8 RACIONES

- 50 g de mantequilla vegetal
- 1 cebolla blanca picada
- 2 dientes de ajo picados
- 200 ml de leche de coco
- 4 cdas. de harina de trigo
- 500 ml de caldo vegetal
- 2 cdas. de salsa de soja

Picamos la cebolla bien fina y la sofreímos con la mantequilla vegetal hasta que esté translúcida.

Mezclamos 50 ml de leche de coco con la harina de trigo para hacer una pasta lisa, y después añadimos el resto de la leche de coco y mezclamos.

Pasamos la mezcla a la sartén, con la cebolla, el caldo vegetal y la salsa de soja, mezclándolo todo para que se incorpore muy bien.

Cocinamos a fuego medio durante 5 minutos y, cuando veamos que está espesando, ¡ya estará lista!

SALSA DE OSTRAS

INGREDIENTES PARA 12 RACIONES

- 10 g de setas shiitake deshidratadas
- 250 ml de agua hervida
- 120 g de azúcar moreno
- 120 ml de salsa de soja
- 1 cda. de maicena
- 2 cdas. de agua

Empezamos remojando las setas deshidratadas con el agua hervida durante 20 minutos.

Transferimos las setas y su agua a una trituradora, y las trituramos hasta conseguir una mezcla bien lisa.

Pasamos la mezcla a una sartén a fuego medio con el azúcar y la salsa de soja. Removemos todo hasta que todos los ingredientes estén bien incorporados.

Mezclamos la maicena con el agua en un bol aparte, y después añadimos la mezcla a la sartén.

Bajamos la temperatura a fuego lento y removemos la salsa poco a poco hasta que podamos ver que ha espesado.

Esta salsa funciona particularmente bien en muchos platos asiáticos y salteados.

SALSA TERIYAKI

INGREDIENTES PARA 12 RACIONES

- 250 ml de agua
- 60 ml de salsa de soja
- 5 cdas. de azúcar moreno
- 1 cdta. de sirope de agave o de arce
- 1 cdta. de jengibre en polvo
- 1 cdta. de ajo en polvo
- 2 cdas. de maicena
- 60 ml de agua

Para preparar esta salsa teriyaki, solo tenemos que verter el agua a una sartén, con la salsa de soja, el azúcar, el sirope de agave o el de arce, el jengibre y el ajo, lo removemos todo muy bien y lo cocinamos a fuego medio durante un par de minutos.

Mezclamos la maicena y su agua en otro bol, después la añadimos a la sartén y lo mezclamos todo muy bien.

Bajamos la temperatura a fuego lento y removemos la salsa poco a poco hasta que podemos ver que ha espesado.

Esta salsa teriyaki va perfecta con unos noodles y nuestro no pollo (página 37) o el tofu crujiente (página 76).

SALSA HOLANDESA

INGREDIENTES PARA 6 RACIONES

- 100 g de anacardos
- 150 ml de agua
- 1 cda. de mostaza de Dijon
- 1 cda. de vinagre
- 1 cda. de zumo de limón
- 1 cdta. de levadura nutricional
- 1 cdta. de cebolla en polvo
- 1 cdta. de ajo en polvo
- ¼ cdta. de kala namak
- una pizca de cúrcuma

Tenemos que dejar los anacardos en remojo durante 1 hora para que se ablanden.

Después los colamos y los metemos en una trituradora con el resto de los ingredientes.

Pasamos la mezcla por la sartén a fuego lento, removiéndola a menudo, hasta que la salsa ha espesado.

Ya sabemos que esta salsa es un componente vital de nuestros huevos Benedict (página 145).

SALSA TÁRTARA

INGREDIENTES PARA 8 RACIONES

- 120 g de mayonesa vegana
- 40 g de pepinillos picados finos
- 30 g de cebolla picada fina
- 1 cda. de zumo de limón
- 1 cda. de eneldo
- 1 cdta. de sirope de arce o de agave

Picamos los pepinillos y la cebolla lo más finos posible, e intentamos que los pepinillos no desprendan líquido.

Ahora, solo tenemos que mezclar todos los ingredientes juntos en un bol y ya la podemos probar con cualquier receta de pescado vegano, como la «AlcachoFish & Chips» (página 175) o la «ToFish burger» (página 119).

salsa de
pimienta
salsa tártara
chimichurri
salsa
teriyaki
gravy
salsa de ostras
salsa
holandesa
birria

CHIMICHURRI

INGREDIENTES PARA 8 RACIONES

- 120 ml de aceite de oliva
- 30 g de perejil
- 4 dientes de ajo picados
- 2 cdas. de vinagre de Módena
- 1 cdta de copos de chile
- 1 cdta. de sal

Picamos el perejil bien fino y lo añadimos a un recipiente con el resto de los ingredientes. Mezclamos todo muy bien.

Hay pocas cosas más icónicas en la gastronomía argentina que un choripán con chimichurri. También combina muy bien con nuestros chuletones (página 33).

BIRRIA

INGREDIENTES PARA 12 RACIONES

- un puñado de chiles (ñoras o chiles picantes)
- 1 cebolla cortada en cuartos
- ¾ de dientes de ajo
- 1 l de caldo vegetal
- 1 cdta. de comino
- 1 cdta. de orégano
- un puñado de pimienta negra
- una pizca canela
- 4 hojas de laurel
- 1 cdta. de AOVE

Empezamos hidratando los chiles con agua caliente. Vamos a dejarlos durante 20 minutos, el mismo tiempo que vamos a dejar la cebolla y el ajo en el horno a 180 °C.

Cuando los chiles, la cebolla y el ajo estén ya preparados, vamos a añadirlos a nuestra trituradora junto con los 250 ml del caldo vegetal, el AOVE y las especias. Trituramos todo hasta que está bien incorporado.

Ahora tenemos que pasar nuestra mezcla a una sartén con el resto del caldo y las hojas de laurel. Lo dejamos que reduzca durante 1 hora, tapado.

Hay pocas maneras mejores de saborear unos tacos que con este consomé, dipeando las tortillas de maíz en él, pasándolas por la sartén y disfrutando con el relleno que más nos guste, agregándole un poco más de la salsa por encima.

SALSA VIG MAC

INGREDIENTES PARA 6 RACIONES

- 120 g de mayonesa vegana
- 2 cdas. de pepinillos dulces picados
- 1 cda. de mostaza amarilla
- 1 cda. de vinagre blanco
- ½ cdta. de ajo en polvo
- ½ cdta. de cebolla en polvo
- ½ cdta. de páprika

Una salsa excelente para cuando necesitas algo especial para tus burgers favoritos o para dipear con tus patatas fritas.

Introducimos todos los ingredientes en un bol. Nos aseguramos de que se combinen hasta conseguir una salsa homogénea.

La probamos y ajustamos el sabor si es necesario: añadiendo más vinagre si buscamos más acidez o más pepinillos, si, por el contrario, la preferimos más dulce.

Refrigeramos la salsa durante al menos 30 minutos para que los sabores se integren bien.

SALSA DE CURRI BRITÁNICO

INGREDIENTES PARA 10 RACIONES

- 1 cebolla blanca picada
- 1 zanahoria picada
- 4 dientes de ajo picados
- 40 g de mantequilla vegetal
- ½ manzana roja cortada en dados muy pequeños
- 1 cda. de curri en polvo
- ½ cda. de polvo de 5 especias
- 500 ml de caldo vegetal
- ½ cdta. de vinagre
- ½ cdta. de sal
- 1 cda. de maicena

Sofreímos la cebolla y la zanahoria en la mantequilla vegetal a fuego medio durante 5 minutos y después añadimos los dados de manzana y los ajos. Cocinamos unos minutos más hasta que la manzana esté blanda.

Introducimos el curri en polvo y las 5 especias, mezclamos muy bien y después añadimos el caldo vegetal con el vinagre y la sal.

Dejamos cocinar la mezcla durante 5 minutos a fuego medio. Luego la transferimos a una trituradora y la trituramos hasta obtener una salsa muy lisa, sin grumos.

Mezclamos la maicena con un poco de agua en un bol aparte. Volvemos a calentar la salsa en la sartén e incorporamos la maicena.

La dejamos cocinar durante 5 minutos más hasta que la salsa espese. Combina a las mil maravillas con un plato de fish & chips.

SALSA KEBAB

INGREDIENTES PARA 8 RACIONES

- 180 g de mayonesa vegana
- 2 cdas. de yogur de soja
- 1 cda. de AOVE
- 2 cdtas. de zumo de limón
- 4 dientes de ajo picados fino
- 1 cdta. de za'atar
- ¼ cdta. de orégano

Picamos los ajos lo más fino posible y los añadimos a un bol con el resto de los ingredientes. Mezclamos todo hasta que esté bien integrado.

Como su nombre indica, esta salsa está muy indicada encima de un kebab, ya sea de seitán, tofu o de cualquier otro relleno.

SALSA BBQ

INGREDIENTES PARA 12 RACIONES

- 350 g de kétchup
- 150 g de azúcar moreno
- 120 ml de vinagre de manzana
- 2 cdtas. de pimentón
- 2 cdtas. de cebolla en polvo
- 2 cdtas. de sal
- 1 cdta. de pimienta negra

Simplemente tenemos que mezclar todos los ingredientes en una olla a fuego medio y llevarlo al punto de ebullición. Después bajamos la temperatura a fuego lento y la dejamos cocinar durante 15 minutos para que espese.

SALSA WHISKY (ESCOCESA)

INGREDIENTES PARA 6 RACIONES

- 100 g de mayonesa vegana
- 35 g de mostaza antigua
- 30 ml de whisky escocés

Solo tenemos que mezclar los tres ingredientes juntos en un bol y es perfecta con un poco de haggis (página 212).

SALSA WHISKY (ESPAÑOLA)

INGREDIENTES PARA 4 RACIONES

- 100 ml de AOVE
- 8 dientes de ajo
- 1 cda. de harina de trigo
- 150 ml de whisky
- 150 ml de vino blanco
- 350 ml de caldo vegetal

En un buen fondo de aceite, sofreímos a fuego lento los ajos en láminas, hasta que se confiten.

Cuando estén blandos, añadimos la harina y seguimos sofriendo 1 minuto más, removiendo todo el rato.

Ahora, echamos el whisky y el vino blanco. Subimos el fuego y dejamos que el alcohol se evapore. Vertemos el caldo y lo llevamos al punto de ebullición.

Bajamos la temperatura a fuego medio, tapamos la olla y dejamos que la salsa reduzca durante 15 minutos, removiendo y despegando el fondo de vez en cuando.

La servimos con patatas o con nuestro filete de no pollo (página 37) para tener un plato como el icónico solomillo al whisky.

HUMMUS

INGREDIENTES PARA 10 RACIONES

- 400 g de garbanzos cocidos
- 120 ml de AOVE
- 50 ml de aquafaba (el líquido del bote de los garbanzos)
- 5 cdas. de tahini
- 2 cdas. de zumo de limón
- 1 cdta. de pimentón
- ½ cdta. de sal (o al gusto)

Solo tenemos que triturar todos los ingredientes hasta que consigamos una textura muy cremosa.

Para presentar, podemos añadir un poco de sésamo, cebollino y aceite de oliva por encima, y lo disfrutamos con crudités o chips de pan de pita.

hummus
salsa BBQ
salsa whisky española
salsa whisky escocesa
salsa kebab
salsa vig mac
salsa de curri británico

INGREDIENTES PARA 8 RACIONES

- ½ pepino
- 400 g de yogur de soja
- 5 dientes de ajo picado
- 2 cdas. de zumo de limón
- 2 cdas. de AOVE
- 20 g de eneldo picado
- sal al gusto

TZATZIKI

Empezamos rallando, con el rallador más fino que tengamos, el pepino sin quitarle la piel.

Después colocamos el pepino en una hoja de papel de cocina para extraer toda el agua que podamos.

Ahora solo necesitamos añadir el yogur, el ajo picado, el zumo de limón, el AOVE, el eneldo picado y la sal en un bol, mezclamos todo muy bien, *et voilà!*

Te recomiendo probar este manjar en un pan de pita con falafel (página 195).

INGREDIENTES PARA 8 RACIONES

- 1 cda. de sal de apio
- 2 cdtas. de pimentón dulce
- 2 cdtas. de pimienta negra
- 1 cdta. de mostaza en polvo
- ½ cdta. de pimienta de Jamaica
- ½ cdta. de cayena
- una pizca de canela, jengibre en polvo y nuez moscada

SAZONADOR OLD BAY
(PARA MARISCOS)

Este es un sazonador muy famoso en Estados Unidos, y esta versión casera es perfecta para usar en recetas con marisco.

Simplemente mezclamos todos los ingredientes juntos, y listo para usar.

CALDO ESTILO POLLO

INGREDIENTES PARA 5 RACIONES

- 70 g de levadura nutricional
- 2 cdas. de cebolla en polvo
- 1 cda. de perejil
- 2 cdtas. de sal de apio
- 2 cdtas. de ajo en polvo
- ½ cdta. de tomillo,
- ½ cdta. de pimentón
- ½ cdta. de salvia
- una pizca de cúrcuma (opcional para el color)

En una procesadora, metemos todos los ingredientes y trituramos hasta que estén bien mezclados y tengamos un polvo uniforme. Dos cucharaditas de esta mezcla con 250 ml de agua equivalen a una pastilla de caldo.

SAZONADOR MEXICANO

INGREDIENTES PARA 4 RACIONES

- 1 cda. de chile en polvo
- 1½ cdta. de comino
- ½ cdta. de pimentón dulce
- ¼ cdta. de ajo en polvo
- ¼ cdta. de cebolla en polvo
- ¼ cdta. de orégano en polvo
- ¼ cdta. de sal
- una pizca de cayena

Utilizo esta mezcla cuando estoy preparando platos mexicanos. ¡Siempre viene bien tenerla en casa para una noche de tacos rápidos, burritos o nachos! Basta con añadir todos los ingredientes en un recipiente y mezclarlos bien.

SAZONADOR DE NO POLLO

INGREDIENTES PARA 4 RACIONES

- ½ cdta. de sal
- ½ cdta. de pimentón
- ½ cdta. de ajo en polvo
- ½ cdta. de cebolla en polvo
- ½ cdta. de tomillo
- ½ cdta. de albahaca
- ½ cdta. de romero
- ¼ cdta. de pimienta negra
- ¼ cdta. de perejil
- una pizca de cayena

Uso esta mezcla de especias para dar un sabor estilo pollo a muchos platos. Simplemente necesitamos mezclar todas las especias hasta conseguir un polvo uniforme, ¡y bingo! Solo nos quedará guardarlo en un recipiente hermético.

AGRADECIMIENTOS

Quiero comenzar agradeciendo a mi familia, mi refugio y mi motor en los momentos más desafiantes.

A mi pareja, Marta, y a mi hijo, Luca (y a la hermana que está a punto de llegar), les doy las gracias por su amor incondicional, por su paciencia y su apoyo constante. Su presencia me llena de fuerza y propósito.

A mi suegra, Toñi, gracias por su generosidad y por ser un pilar en mi vida, especialmente en los días más oscuros.

A mis padres, mi gratitud infinita por haberme criado en un entorno vegetariano, desde unos valores que aún guían mis pasos hoy día. Gracias por enseñarme a vivir con conciencia, empatía y respeto, no solo hacia los demás, sino hacia el mundo en su totalidad.

A mi editora, Teresa, y a todo el equipo de Grijalbo, gracias por creer en mí y por convertir este sueño en una realidad. Su profesionalidad, visión y entusiasmo han dado forma a este libro, y no tengo palabras suficientes para expresar mi agradecimiento por su apoyo incondicional y entusiasta a lo largo de todo el proceso.

A Tom y Paula de The Vegan Agency, gracias por su increíble ayuda con las fotos. La sesión fotográfica que compartimos no solo marcó un comienzo fundamental en este proceso, sino que también me brindó aprendizajes que valoro profundamente. Vuestra creatividad y dedicación fueron esenciales para dar vida a este proyecto.

A todas y cada una de las personas que han apoyado The Vegan Guiri, gracias por creer en esta iniciativa desde el principio. Disteis vida a este proyecto y, sin vuestro apoyo, esta historia jamás se hubiera convertido en un libro. Este logro es tanto vuestro como mío.

Y, por último, a ti, lectora o lector. Gracias por haber escogido este libro; o a quien te lo haya regalado. Gracias por tu curiosidad por el veganismo y por tus ganas de aprender un poquito más. Espero que lo disfrutes mucho y que te inspire, al menos, una pequeña reflexión de cambio.

ÍNDICE DE INGREDIENTES